namytone

人生折返點，喜歡自己多一點

人生は折り返し地点からがきっとたのしい

陳尹暐 譯

MICHAEL LEWIS
KURASHI
&
Trips.

前言

記得是慶祝祖母八十大壽那年秋天的事。聽到喜歡料理和愛打扮的祖母感嘆道：「愈來愈覺得出門好辛苦喔。」我心頭一震，心想：總認為活力四射的祖母，竟然到了這天……

人生能自在活動的日子，或許沒有想像中長……很多感觸在腦中盤旋。那時，彷彿天啟般，手上拿著的是志村健的書，上面寫著這樣的句子：

「你的人生，現在幾點？」《志村流》
——暫譯，志村流・志村けん・三笠書房

書中有個主題寫道：「如果將一生換算成一天二十四小時，」那麼，「七十二年的人生，以一天來算，每小時是三歲。」

算一算，現在三十八歲的我，目前剛過十二點。不過，從平均壽命來看，以七十二歲計算可能短了一點，若改以八十歲開始感到活動力大不如前的祖母當作健康年齡的基準，四十歲左右就是折返點……

「什麼?!已經到了折返點?!」

儘管過去一直是過一天算一天地活著，但從那時起，突然驚覺「接下來」的人生已開始是下坡。之後，祖母加速衰老，成了需要照護的狀態。因為祖母的一句話，我開始了希望人生下半場是能好好安頓周遭事物，以有「餘裕」、「餘力」以及「樂趣」的方式輕盈度日的準備。

因為，毫無計畫的漫遊旅行固然不錯，但出發前先做好功課，然後去看想看的風景、去想去的地方、吃想吃的東西，則可以獲得完全不同的滿足感呢！我想，接下來的人生也一樣，如果有像旅遊指南一樣的人生地圖，不就可以更快樂、更輕盈、更忠於自己地活下去嗎？而且，當迷惘於下一步時，有個可以回頭參考的指南也比較安心。首先，為了製作這樣的旅遊指南，我反問自己：

做什麼的時候感到幸福呢？

每天是以什麼動力活著呢？

回想過往的人生，我發現，把工作做好，或者充滿幹勁全力以赴固然重要，但從結果來說，真正能讓自己感到「幸福」的，往往是生活中微不足道的事。我總是從生活中的小小景致中獲得救贖。

在旅遊指南大致看到重點項目後，從中試著在人生地圖重新鋪設叫做「今後」的軌道，並思考各種不同的可能，愈想就愈覺得有趣。重新研究地圖後，人生下半場不會只有痛苦，也會充滿樂趣。我察覺到，人生就是不斷地重複選擇與決定，而每一個選擇都在塑造你的人生。

四十歲將至，回想自己人生中的各個階段，沒有一次是完全相同的自己。換句話說，不管是向前挑戰新事物，或者回首來路「再描摹一次走過的路」，都同樣是活著；一切只要確認自己在地圖上的位置，就不會有任何困難。

儘管為了迎接接下來的人生，我幾經修正自己的行動與生活的軌道，且至今仍每天在摸索，但我把真實的生活點滴和紀錄集結成冊。如果透過本書，有讀者認同「增齡也不是壞事嘛」，或者「也想試試製作折返點的人生地圖」的話，那就再好不過了。

希望讀者在讀完後，也能開心迎接人生折返點。

CONTENTS

CHAPTER.
3

隨季節變化去感受時間的流動
THE ROUND OF THE SEASONS

CHAPTER.
4

對容易失衡的身心稍微好一點
MY MIND AND BODY STORY

CHAPTER.
5

從經驗累積中察覺到剛剛好的幸福
ENJOY BEING ALONE

CHAPTER. 6

量力而為規劃未來
LIFE-SIZE ME

My Room

我的小套房

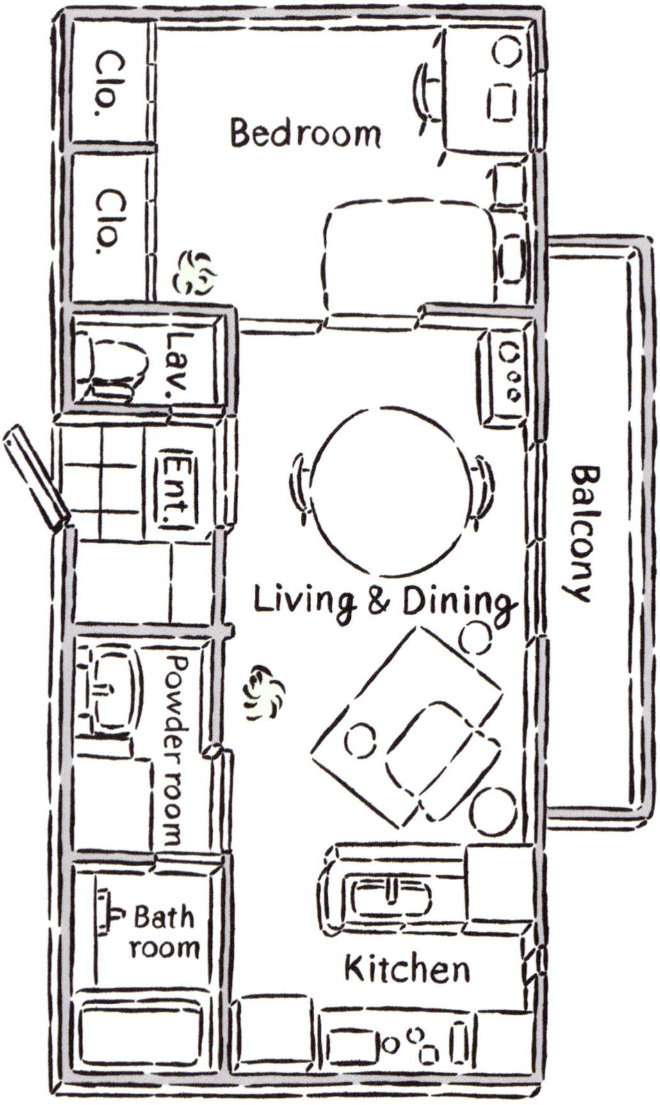

CHAPTER. 1

為了人生折返的
五個準備

——— FIVE PREPARATIONS

開始人生折返的
準備了嗎？

自從我開始意識到
自己即將站在
人生折返點時，
就開始思考著關於
「折返點以後的人生」和
未來的事。

希望人生的下半場
能夠輕盈、快樂地度過。

因此，我開始了為了迎接它的五個準備。

從「拚命努力」到保有餘力的生活

無論工作或生活，最重要的是「保有餘力」。過去的我，總是猛踩油門不放，時常跟疲勞戰鬥，連帶心靈也失去餘裕。儘管如此，我仍告訴自己「這就是我的人生」，從未試圖做出任何改變。在這種情況下，必然會搞壞身體，才三十歲出頭，就被自律神經失調所造成的嚴重不適所困擾。有了這樣的經驗後，我學會了早點放鬆油門和適時保持平衡的重要性。

所謂「健康的精神，寓於健康的身體」，不論是笑、吃、工作，或者玩樂，一切都要以健康為基礎。因此，要認真跟身體對話，不是以「不勉強」，而是以保持「有餘裕」的狀態，從容過每一天為目標。

開始意識到要有餘裕地過生活後，我設定了早上慢慢喝杯溫開水的時間。雖然只是喝杯溫開水這麼簡單，但每天由此展開，會覺得輕鬆不少。

而且，我最近體會到，與其總是以固定的速度前進，不如在放慢速度後重新踩油門，反而能走得更遠……

我思考了在人生下半場的生活中，想珍惜怎樣的東西。
在日復一日的日子裡，所珍惜的是什麼？為何想珍惜？從各種角度思考平凡的日常後，逐漸看到自己想追求的未來的樣子。

重新審視一直放著不用的東西。
不是以「還能用，丟掉太浪費」，而是以「沒在用才浪費」的觀點著手——放下。

只留下能感受到自己的東西

不是一味減少，留下自己真正喜歡的，能感受到自己的東西，也是一種面對人生的態度。

過去的我，曾有過被塞滿衣物的衣櫃，以及搭配那些衣物的鞋子、包包，還有料理工具、器皿等等數不完的東西包圍著過生活的日子。幸好，因為喜歡收拾東西，還算收納、整理得不錯。

不過，說實話，究竟有多少數量、在哪裡買的都搞不清楚，只為滿足「購物慾」，完全沒用過，又或者為了虛榮、趕潮流而買的東西一堆……我趁著搬家，認真以「是否真的喜歡」為基準，把東西減少到能掌握的數量，並且以留下的每件東西都能好好珍惜為目標，檢視家中所有物品。經過一番整理，清出像山一樣高不要的東西，以及許多空空的收納箱。

不過，看來不是整理一次就能無事一身輕；況且，物理上與心理上的輕盈息息相關，所以，為了以輕盈的狀態迎接人生下半場，我設定了一個月斷捨離一次家中物品的時間。

讓「金流」的輪廓清晰

將收支視覺化——我認為，金錢管理之要盡在於此。我沒有取得關於理財的證照，也沒有很多存款，但為了「繼續過合身的生活」，我以自己的方式摸索出專屬的金錢規劃方式。

剛開始一個人生活時，沒有金錢觀念，完全存不到錢的我，現在盡可能大致掌握每月、每年的金流（收支）。多虧了不少以失敗為名的「經驗」，現在我掌握金流，是比起注意「省錢」不透支，更加重視設定存錢的明確目標，把錢花在真正「有價值」的東西上。

不論是支出或存款，全都寫在筆記本上把它視覺化，這樣一來，以自己的價值觀為基礎，在收支失衡時，就能重新調整。尤其，我是愛操心的人，對於「萬一」這件事會比一般人加倍思考。

在做法上，本來因為媽媽是把收據中所有項目鉅細靡遺寫在記帳本的類型，所以我也試著模仿，結果以三分鐘熱度收場。有了這樣的經驗，我毅然決然地放棄詳細記錄，覺得與其全都記下，不如把重心放在能「每月檢視」、「確實掌握」上，因此，我只記錄每月收支，以便回顧。我覺得，把模糊的「金流」輪廓明確化，人生擔憂的事就好像少了一件。

我明明是怕麻煩的人，但管理金錢上，偏偏不用便利的APP或記帳本，總是很原始……為了能夠持續下去，在能夠掌握收支，看得見金流的範圍內默默地做。

工作上發生令人鬱悶的事時，我會盡量在進入家中玄關之前
把它忘掉。玄關的門是我切換ON/OFF鍵的地方。

不要陶醉於泡在工作中的自己

有次放假，我突然想到下週開始會很忙，就先到這裡，不要玩得過頭了。那時我突然覺得，我真是為了工作而活啊！不是應該顛倒才對嗎……

有工作這個重要支柱固然非常令人慶幸，而且是活下去所不可或缺之事，但我想把重心稍稍挪開一些些，把更重要的「生活」放到正中間。

每天一大早去上班，然後加班，常會聽到「了不起喔！這麼早來上班！」「加班到這麼晚啊，真努力！」當然，有時是工作太多不得不然，但大多時候是為了讓人認可自己的努力，拚命留下「努力的痕跡」，陶醉於泡在工作中的自己。

其實，就算無法獲得肯定，有知道自己是「認真付出」的確信就夠了。何況，我認為工作是一連串的累積，那些「為你做的事情」會在日後看出來。同樣道理，看到工作成果的人，應該也能夠想像對方所付出的時間與精力。

所以，不要在意別人的評價，按自己的節奏來工作就好。正因為未來的上班人生還很長，如果能愛惜自己並持續工作，是最好不過的了。

有想見的人，就主動去見吧

有想見的人，就主動去見；有想說的話，就立刻告訴對方，不要到時才後悔沒有及時把「謝謝你」、「我很珍惜你喔」這些話告訴對方。

因為疫情，奪走了理所當然的日常：線上會議、商店街的店鋪全關、常去的咖啡館沒有營業……對於這樣的驟變，心情上無法適應。

而本來就一個人生活的我，也變得沒跟人接觸，每天過著完全未跟任何人說話的日子。就算好不容易去一次公司，隔壁的同事也因為遠端工作而不在。我體會到，簡單的寒暄，看著別人說說笑笑，是多麼重要的心靈養分。生活中有「去見見誰」這個選項，是非常幸福的事。

有了無法與人交流的經驗後，我打從心底決定更珍惜與「能給自己溫暖的人」、「人生中無可取代的人」在一起的時間，如此把人際關係單純化，也就夠了。為此，我想把時間的使用方式更單純化，讓生活更加輕盈。一旦陷入負面思考，就很乾脆地放下。儘管隨著年齡的增加，步伐很容易沉重起來，但我希望能為了去見想見的人、看想看的風景、喝想喝的美味咖啡而行動，以拯救未來的自己。

「要是當時有去就好了」
在因為疫情而「自我約束」的期間，深刻感受到不想再有這樣後悔的事。
正因為是一個人生活，或許才更應該積極地去見想見的人。

以上，
是我為人生下半場開始進行的五個準備。
儘管在下半場，
還是能繼續背負著各種事情奔馳，
但正因為過去面對任何事情都太「在意」，
才更要把重擔放下。
當我注意到折返點，
並開始做準備後，
不論是生活或工作，
曾經被綁得緊緊的每一天，
都變得從容自在。

因為過去種種，
所以，接下來的日子，
只想輕盈地過。

COLUMN.1

淡然地面對生活與工作

還記得是剛出社會，工作最忙碌的時期所發生的事：接踵而至的工作，緊接著來的死限，除了大型計畫與過量的工作外，還要處理客訴等，精神上已超出負荷。當時，上司對已經厭惡一切、只求過關就好的我說：「面對生活和工作，淡然處之就好。」當下我不解其意，翻查字典，發現好像是「像現在這樣就可以了」的一種肯定，讓我一陣鼻酸。

我是工作一過量，就不知道要從何著手，容易焦慮自己「一事無成」的人。但我告訴自己，不要淨是在意未來的事，只要保持平常心，珍惜眼前的事物與身邊的人就好。

雖然，有時會想給一成不變的日子來個大變化，有時會懷疑自己存在的意義，但上司的話，讓我察覺到，正因為是平凡的每一天，才是最大的幸福。就算一成不變，能認真、淡然地度日，是何等幸福之事啊！總之，我再次體會到，日常的幸福不是去追求，而是去察覺、累積。

CHAPTER.2

隨年齡增長，
過適合「當下的」自己的生活

——— GROW OLDER

重新找到自己的「喜歡」之後，在進口北歐家具的「haluta」買了柚木做的抽屜櫃。為了降低壓迫感，我都盡量挑高度低於腰以下的家具。

從模仿他人，到打造「屬於自己的空間」

搬到現在的小套房以前，我很嚮往別人貼在 Instagram 上用人氣無印良品家具所呈現出來的簡單、具統一感的居家空間，所以跟著買齊了所有居家用品。當時的我，每天都很忙碌，生活重視效率，覺得簡約風的無印良品家具適合自己。

不過，隨著年齡增長，開始感到哪裡怪怪的，因為是模仿別人的居家用品，好像是住在飯店或別人家裡，「在家裡感受不到自己」，老覺得無法靜下心來。

直到三年前，趁著搬到現在這個地方的機會，我決心打造「能夠感受到自己的房間」。因為身體不適，加上疫情影響，我決定重視「在家中生活的自己」，認為與其追求效率，不如把重心放在活得像自己。此外，這或多或少也包括，希望人生至少一次，認真面對自己的「喜歡」，大膽打造一個屬於自己房間的想法。

為了著手進行這件事，我讀了有關居家用品的雜誌和書籍，展開「尋找自己的喜歡」之旅。其中，我最喜歡石田百合子的房間，她在房裡放了很多不知名的家具和擺飾，聽說其中有些還是旅途中相遇的心儀之物，讓人充分感受到家的主人珍視「在哪裡、何時、為何而買」的心情。正因為每天過著忙碌的日子，我想要打造接近這種洋溢著溫柔空氣的房間。

另外一個是內田彩仍的房間，我就是透過內田小姐認識北歐風格的居家用品。因為是比自己年齡稍長的前輩，覺得或許有些部分會和未來的自己產生連結。

研究了我非常喜歡的這兩位的空間配置後，發現自己真正喜歡的，是愈用愈有味道的北歐骨董家具。北歐人認為，「隨著歲月的累積，家具不是陳舊褪色，而是會日益散發出新商品所沒有的魅力和價值，經年的變化代表著成長和深化」的想法讓我銘記於心。重點不在勉強節儉，忍耐著不買想要或喜歡的東西，而是珍惜「已經擁有的東西」並提升其價值，這也許在某些地方就像面對增齡的自己一樣。

總而言之，放滿喜歡的東西的家，就是「我之所以為我的地方」；因為有這樣的地方，會更期待明天的來臨，也能持續為工作注入動力。

精確地說，不是生活因為買的家具而改變，而是在翻新生活方式的過程中「找到自己的喜歡」。自己喜歡怎樣的東西？想要珍惜的是什麼？儘管抵達內心最深處所潛藏的部分需要花點時間，但也正因為如此，對於難得相遇的東西，才會想全心全意地使用。

我家可愛的北歐骨董家具

打開就一目了然
動作簡單俐落的收納櫃

不是只要是骨董家具就滿足，我會選擇一個動作就能打開抽屜直接拿到東西的收納櫃。此外，要說明一下的是，我選擇家具的重點在「打造舒適空間」，所以，儘管看起來家裡大多是木製家具，但其實並沒有特別統一材質。

讓我自然有幹勁的
工作檯

寫東西或使用電腦時幾乎都在這裡。由於記帳本、信紙、文具等東西都收在抽屜裡，形成我一坐上去，活動開關就自然開啟的架構。

客人來的時候，變成最多可坐八人的餐桌。我家的桌子，是必要時可把桌面加長的伸縮餐桌。
是在福岡的「Antiques & Repair eel」偶然看到的。

小地毯、器皿，從喜歡的東西汲取內心的養分

邁向四十歲，為了輕盈過日子，我把東西減量了。但，另一方面，又覺得「喜歡」的東西不必刻意減量。

例如：因為憧憬石田百合子的紅色小地毯的某種風格，而迎來家裡的小地毯。我記得，當時是看著位於東京的店鋪傳來的一些地毯型錄照，雀躍不已地想像各種地毯鋪在家裡的效果，並親自到店裡參觀比較。把買下的小地毯鋪在家中，它的傳統花紋和北歐骨董家具氛圍相當搭配，接近我心目中完美調和的具有自我風格的房間。以料理來比喻的話，就像香料……我覺得，「雖是可有可無之物，但因為喜歡所以擁有」，是一種自我認同的表現。

又比如，家裡有很多器皿，即使回家再累，我也會把買回來的熟食用心擺盤後享用。器皿，就是有讓我想這樣做的魔力。因此，我對器皿非常講究，絕不隨便，縱使只是茶泡飯，只要裝在喜歡的容器，看起來就會變得不一樣，而且連心靈都一併得到養分；是拿在手上，心瞬間就溫暖了起來，能讓人變健康的東西。

斟酌良久才迎來的小地毯。即使哪天興趣或價值觀改變了，它也會為你刻下「那個時候，打從心底接納而挑選的東西」的記憶。

1～1.2m 左右的裝飾小地毯，就算是租房也能自由搭配，更換款式或擺放的位置非常有意思！有時也會帶30cm左右的小地毯出門。這些地毯大多是在東京・中目黑的「Layout」買的。

光是盛放在裡面
就讓料理豪華起來的優質器皿

配合自己的料理挑選器皿

我好喜歡陶藝家用心製作的器皿。我買的大多是在地陶藝家的作品，邊想像自己做的料理邊挑選。因為如此，全都成為一軍，沒有任何器皿坐冷板凳。其中，由於我常燉煮料理的關係，不容易溢出、有一點盤緣的盤子上場的次數最多。

白色餐具我會選擇有質感的

這些都是陶藝家製作的器皿和馬克杯中我喜歡的款式。最近去拜訪過在福岡縣很活躍的陶藝家高木剛的工作室，有機會親自跟他聊聊，因而更加想要珍惜這些餐具。由於我經常做和食料理，白色簡約的盤子很適合。只要有質感，縱使是白色也能成為充滿風味的餐桌。

看來都是白色的器皿，印象也會因質感而異。上圖的器皿比較沒那麼明亮，摸起來有安心感。我也好喜歡小碟子，會像右圖一樣用籃子整理起來。因為就只是把一點點的醋漬小菜等盛放在小碟子上，餐桌就會變得豐富起來，所以非常喜歡。鬼臉小碟子則是節分限定（笑）。

客廳的照明是Louis Poulsen「PH4/3」的吊燈。光是點亮這盞燈坐在餐桌前，就能喘口氣。

在柔和的光線下，進入ＯＦＦ模式

我以前一直認為客廳要明亮比較好，一回到家，我就打開電視機，在天花板的日光燈下喘口氣。但是，不知怎麼地，明明回到家中，卻總是無法切換為ＯＦＦ模式。

有次，我在雜誌上看到「要營造一個舒適的空間，應該是重點照明，而不是把房間弄得燈火通明」後，就把客廳的照明換成Louis Poulsen的吊燈。本來，我覺得重點照明會讓整個房間變暗，但仔細想想，一來，白天會有自然光，本來就不需要很強的照明；二來，晚上或許也不必把房間弄得燈火通明……因此，拿定主意買下它。

從結果來看，是非常正確的決定！光是看著白色燈罩和被溫暖纖細的光線所包覆的房間，身心就漸漸進入ＯＦＦ模式，覺得在柔和的光線下，能靜下心來，溫柔地看待世界。在因為工作而疲憊不堪的日子裡，能在家喘口氣的地方就是這個照明下的餐桌。我體會到，一個讓人想要持續留駐的空間，除了居家用品外，照明也很重要。因此，廚房、客廳以及臥房，我都分別放了喜歡的燈具。

利用手提式照明
照亮喜歡的地方

Louis Poulsen「Panthella 160 Portable」是可愛的香菇模樣燈具。因為無線，可帶著到處移動，在各種環境享受燈光，也推薦給不能放大盞照明的人。

我家的照明
點亮療癒的光線

把回家點燈
變成充滿樂趣的時間

客廳的副照明是叫做「HEMPLEN」的落地燈。我把它放在靠近沙發的位置，是看書時的良伴。燈具的每一個細節都是手工製作，黃銅製的鏈條開關搖呀搖的很可愛。

左圖是一九〇〇年代在瑞典製造的燈。亮度恰到好處，適合睡覺前用來看書。下圖的「AKARI」則是用和紙做的照明，自然散發「和」的印象，大多在做艾灸的時候點亮它。

利用暖色系光線
營造容易入睡的空間

若想讓幫助入睡的「副交感神經」活躍，建議用溫暖的黃光包覆整個房間，如此一來，體內的指針會從「活動」擺向「放鬆」，緩緩切換到睡眠模式。因為自己無法控制自律神經，所以有意識地調整周遭環境很重要。我在臥房裝了「Holmegaard」的乳白色玻璃罩吊燈，藉由吹製玻璃產生的柔和光線助我入睡。

與其講究外觀，不如重視能「輕鬆持續」的收納

就算是整齊陳列的時髦收納箱，要是使用上不方便，最終東西還是亂放一通。又或者，就算是開的時候順順，關的時候卻卡卡，就再也懶得物歸原處……

原本，在使用無印家具的時期，「物歸原處」並非苦差事，我也從美觀整齊的收納獲得了滿足。

可是，隨著年齡增長，開始覺得把東西歸位很麻煩，如果還堅持「重視外觀」主義的話，已沒辦法持續維持美觀的狀態。因此，我重新思考對收納的想法，開始注重「易取好收」，認為與其在意收在「哪裡」，不如重視「怎麼」收進去，以不故態復萌，能長久持續為目標。

我盡量不用收納箱，改為一打開就能收取的收納方式，
並且留意將常用的東西，放在最就手的位置等配置的問題。

參考自己的生活習慣，經過深思熟慮，我歸納出「輕鬆開闔」、「易收好取」、「一次到位」、「單手搞定」，才是能「持續妥善收納的四個要素」，並以此來規劃收納空間。

儘管如此，要找到四個要素都滿足的最佳收納方式相當困難，也會有本來以為是不錯的收納，真的使用後，卻不知什麼原因沒有歸位的情況。

因此，在考慮收納時，會先使用一陣子確認是否會故態復萌、是否能持續。並且，在各種條件下試著反覆開闔，排除障礙，以自己的方式加以改良。我也建議，可以喀嚓喀嚓地用智慧手機把房間拍下來，比起肉眼，更能瞬間以客觀的角度注意到沒整理好的地方或者不易使用的空間。

切記，永續的收納不會一次到位，現在覺得最好的方法，幾年後也許會再改變；

若把廚房用具也堆疊收納，取出時會很麻煩；
為了讓東西好拿，我會活用ㄇ字架等收納工具。

以為搞定了的，輕易就會瓦解，一瞬間就回到原點。所以，隨著年齡和生活方式的變化，「不斷調整」很重要。

此外，關於裝飾品，雖然我非常喜歡能替一個人的生活增添色彩的雜貨和畫作，但太多裝飾，房間就會顯得雜亂。

所以，裝飾品要控制在最低限度，克制想把心儀的物品到處擺的想法，原則上我只置於書櫃一隅，在裝飾上呈現「節制下的魅力」。我曾瘋狂地在牆壁上釘架子，放置一些小擺飾，現在，已經爽快地畢業了（笑）。

假如真的什麼都想放的話，我認為可隨著月份「那個」、「這個」地交替布置。比方說，在櫃子上擺放當令鮮花時，其他擺飾就收在櫃子或其他地方，這樣一來，就能凸顯花的存在感。

也可以享受按月把本來放在客廳的櫃子移到寢室，或者改變照明位置的趣味。因為都是容易移動的家具，就算是定期地改變陳設也不辛苦。

家中的展示空間就只有這裡。我會把喜歡的擺飾、CD、明信片等集中放在這裡展示。擺放鮮花時，也是固定放在這個地方。

めがね

我的例行公事雖不能說綁得很死，但還是會按時間決定。設定「到了某個時間，就做某件事」，身體自然動起來，每天就能流暢地度過。

戒掉「一心多用的家務」

最近，不再一心多用做家務了。其實，第一本書出版的時候，因為還是效率優先，所以除了邊準備便當邊在廚房一角化妝外，同時還做很多事。總之，就是在早上上班前東做西做，結果，根本搞不清楚做了什麼就去上班了……

不過，從某天起，我決定不再追求「有效率地使用時間」了。事情是這樣的，話說，某天早上我本來打算去盥洗室，但下一刻，腦中忽然閃過「還是先去燒水？」「盥洗室和廚房……究竟先做哪件事比較有效率?!」我慌了手腳。那時，我發現到，工作上明明能同時處理很多事，但家務則很難如此。因此，我改為在早晨五點前起床，保有餘裕，不再一心多用做家務。

事實上，家務一旦同時進行，注意力就會被分散。能一心多用的人還是可以同時進行，但我是一個接一個來，下一個要做的事先在腦中想一下就可以了。過去的我，沒有思考這件事的餘裕，也沒有去改變的想法，但在試著停下腳步後，發現了合適的方法。結論是，找到適合自己性格與生活風格的做家務方式，並且時時更新，應該是比較好的做法。

不要認為「容易打掃」≠「舒適生活」

照理說，地上不放任何東西，對打掃來說絕對方便，而且也能縮短打掃時間。以前，我在週末大掃除時，都會費工夫地把小地毯捲起來，結果往往一打掃，就耗掉整個假日，因此也有段時期萌生把地上所有的裝飾品都捨棄的想法。

但，這麼喜歡的小地毯，真的不要了嗎？被這麼一問，我的內心告訴自己「ＮＯ」，不是這樣的。當然，外觀、使用的感覺、耐髒度或者是否易於打掃等，裝飾品的選擇基準因人而異。但，「喜歡」，是更加重要的基準不是嗎？在該以打掃方便為主，還是以「喜歡」為重之間掙扎，我的結論是「至少保有把小地毯捲起來打掃的餘裕生活下去！」

因此，我重新審視打掃流程，再次檢視花費的時間、打掃方法以及打掃的地方等。現在，我不累積、不等大掃除，一留意到就做。靠著這小小的習慣，一來不會形成頑垢，二來打掃的時間也跟著縮短，最重要的，連打掃的門檻都降低了。我覺得，像這樣，把日常行動稍稍規則化，不只打掃，各種行動都隨之單純化，生活變得非常自在。

總之，自從決心保有喜歡的小地毯，轉念要過「留有餘力的生活」後，對於擁有東西的生活哲學也隨之明朗，一切有著回到原點的感覺。

大張的地毯不好打掃，我家的地毯大多都很小，打掃意外地輕鬆；加上我盡量不放東西在地上，打掃時暢通無阻。

把打掃融入生活中

Tuesday
星期二

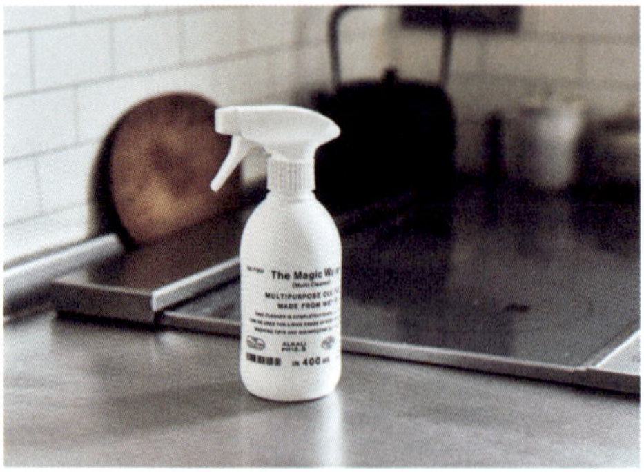

星期二
打掃「火」[1]的周遭

需要特別用心的打掃，我會透過聯想星期幾來進行。例如：逢星期二就打掃跟「火」有關的爐頭。用多功能清潔劑「The Magic Water」擦拭髒污，再加上電解鹼性離子水去油漬兼消臭。

Wednesday
星期三

星期三
快速刷洗「水」[2]龍頭周遭

逢星期三打掃「水」龍頭周遭。啟動洗衣機前先打掃洗手台，我會噴浴室清潔劑，再用科技海綿快速刷一刷，最後用待洗的毛巾擦乾，完成！此外，洗手時順便用手上的泡泡搓一下臉盆已經是我每天的例行公事，所以不會累積出明顯污垢。

Thursday
星期四

星期四保養實「木」[3]家具

實木家具、凳子等容易積塵，我會依序用除塵撣子快速地掃乾淨。當明顯看到污垢或傷痕時，才會塗木蠟油。

1. 星期二的日文是「火」曜日。 2. 星期三的日文是「水」曜日。 3. 星期四的日文是「木」曜日。

如果只有一道小菜，就算量夠，心理上總覺得少了些什麼，
所以含冰箱常備菜和味噌湯在內，我通常會準備三到五道。
少量但豐富，不但滿足視覺享受，連心靈都似乎獲得滿足。

吃得美味又健康就夠了

忘了是在哪裡看到的，建議大家把吃過的東西全寫出來，藉以瞭解自己的飲食習慣。我也試了一下，觀察自己的飲食行為或偏好，發現本來自以為營養均衡，結果不但是鈣和礦物質不足，蛋白質的攝取量也遠低於建議值……而且，還喝了太多甜飲料。

為了矯正偏食再出發，我認為重新觀察自己的身心，從營養的角度來思考飲食非常重要。

儘管如此，過於斯多葛[4]式的節制又苦了自己，所以我構思著能均衡攝取五大營養素的輕食譜：容易攝取不足的蛋白質，就經由豆腐或雞肉料理攝取；吃營養豐富的糙米；早上吃香蕉補充葡萄糖；如果想吃點心的話，就吃水煮蛋或蒸地瓜……不是忍著不吃美食，而是只要有「意識」地選擇對身體更好的食物，飲食就會改善。

自從注意營養後，我看病的次數大幅減少，曾經定期服用的藥也跟著說掰掰。再加上有適量運動，出出汗，促進代謝和血液循環，血色一好，皮膚就變得很好上妝。對我來說，比起試遍各種高級化妝品，先著手改善生活習慣，從內在調理身體，是最好的美容法。

其實，前一陣子工作很忙的時候，我只吃調理包或便利商店的炸物，身體立刻變差，實際感受到飲食對健康的影響之大。

最重要的是，就算有不開心的事，一吃下熱呼呼的飯和溫暖的味噌湯，心就會平靜下來。雖然調整生活的節奏因人而異，但我覺得，以「食」為中心加以整理，心靈也自然會跟著安頓下來。料理，是為了自己的健康，也是為生活的基礎打底。

4. 這邊意指苦行式的飲食方式。

飯基本上只煮糙米。收割後的稻穀，去除咖啡色穀殼後就成為糙米。糙米的胚芽和米糠富含維他命、礦物質和膳食纖維，可促進代謝！若將糙米與白米以1：1的比例去煮，會比只吃糙米好消化，也容易入口。我用來煮飯的鍋子是STAUB的「La Cocotte de GOHAN」。

從遮瑕妝到融合妝

二十歲出頭時，我患了因為無法製造黑色素而出現白斑的皮膚病。

當我因為臉上和身體出現白斑，心情十分沮喪時，偶然找到了能夠遮瑕的藥用化妝品。經過各種研究，並且精進化妝技術，只要透過化妝就能夠完美遮蓋白斑。

就在我以為這個方法天衣無縫時，某天，在化妝品店發現了ACSEINE的SKIN COLOR CONTROL，雖然是活用原本的膚色，提升整體臉部印象的局部用粉底液，好像沒有遮蓋力……試了一下才發現，真神奇！明明沒有完全遮蓋白斑，卻和本來的膚色自然地融合，看不出有色差，效果非常好。

我追求的是八成左右遮蓋力的自然裸妝。這些是讓我肌膚亮麗、皺紋不明顯、輪廓清楚的化妝品。除了「RMK」的蜜粉和腮紅外，最近也喜歡「THREE」的高光粉和腮紅。

從那時候起，我的心態就從「想百分之百遮蓋」變成「能遮蓋到這種程度就夠了」，原本一直認為遮瑕妝只有一種，當發現還有其他能夠接受的妝時，也可說是我人生的轉捩點。

我還想起前一陣子在外過夜，忘了帶遮瑕膏，在沒有其他方法的情況下，嘗試用眼影應急遮蓋白斑。咦！搞不好意外可行喔？因為一直認為是必需品，所以從未考慮過不使用，這次的經歷，讓我有種從懸崖墜落後靠自己的力氣爬上來的感覺。

我從中領悟到，相信一些什麼的心情固然重要，但太過執著，就會失去接觸「更好的東西」的空間，也或許會因此錯失了良機。此外，要接受自己能力控制範圍外的事，需要的是時間。我發現，不必全盤抹殺「自卑感」，能夠接受並面對它，將會如釋重負。

以前我會在廚房「邊做其他事邊化妝」，
現在會在客廳喜歡的桌前專心慢慢化。

消除失眠的超棒睡眠習慣

為了把一天歸零，迎接明天充滿朝氣的早晨，「睡眠」非常重要。從前的我，是深夜精疲力盡地回家，邊看著電視，邊打瞌睡……頹廢地度過下班回家後的時間。接著，隔天早上也是垂頭喪氣地去上班。沒辦法好好睡覺，讓身體休息，就從這時候起，身體開始出狀況。

要安頓內心，必須先安頓身體。因此，「好的睡眠品質」是不可或缺的。當我開始注意調整睡眠後，會確保規律的睡眠，同時重新安排了幫助調整睡眠的寢具。

而且，由於睡眠不是自然就能調整，所以，我設定了睡前會做的三件例行公事：「使用電腦或智慧手機最晚到九點」、「睡前一到兩小時洗澡，洗澡後稍稍伸展，然後喝杯水」、「撥時間做艾灸和焚香，慢慢深呼吸（也會做十分鐘左右的冥想等等）」，如此一來，就能舒適地進入夢鄉。

寢具統一選米色系，營造能夠放鬆入睡的空間。床是我長年愛用的無印良品，而印有海鷗圖案的「Brita Sweden」毯子實在太可愛，每次看到我都會心滿意足地微笑。

一年四季都能用的亞麻材質

床罩／我喜歡用「fog linen work」亞麻材質的床罩。不只是洗完之後的軟中帶硬感，愈洗愈強韌、柔軟的感覺我也好喜歡。因為亞麻布有很高熱傳導率和優異的速乾性，一年四季都能用。

寢具用柔軟的亞麻材質
躺感也是沒話說

枕頭／經常頭痛的時期曾經喜歡用又硬又高的枕頭。不過，高的枕頭會壓迫到頸椎，於是改買「NORDIC SLEEP」的枕頭。它的彈性適中，而且不易變形，就算改變睡姿也能好好包覆著我，讓睡覺成為每晚期待的事。

選擇睡衣講究的是舒適度

睡衣／選購穿著時間和便服差不多長的睡衣時，我開始著重穿上它的舒適度和觸感。UCHINO的「Marshmallow Gauze」軟綿綿的，穿過一次就愛不釋手；「SLEEPY JONES」的睡衣我則喜歡它的條紋款式。

心靈有餘裕後，開始想種植物

大約兩年前，我重新開始了跟植物一起生活的日子。在那之前，因為曾有過在工作很忙的時期，疏於照顧大型植物以致枯死的經驗，所以有段時間，不再有「照顧植物」的念頭。不過，從我重新檢視工作和生活，開始調整身心狀態後，又自然地萌生出「現在或許能照顧了」的想法。

那時，花店的店員告訴我：「剛開始的時候，選擇放在花盆內容易照顧的植物就可以了」，左思右想後，選了黃金葛。現在，家裡的植物已經愈來愈多，讓我從健康的綠葉中得到了活力。

此外，還有切花[5]、乾燥花、樹枝等，享受著有花為伴的生活。如同超市陳列當令食材一樣，花店也擺設著妝點季節色彩的鮮花。生活中有鮮花為伴，不可思議地能感受到心靈的豐足。

我喜歡打開窗戶，從搖曳的窗簾間探出頭的植物。當然，我也有忙不過來的時候，但有時想放慢步調好好跟它們一起生活。

5. 人們從植株、植物上剪下的花枝、葉枝、花朵或花蕾（通常帶有一些莖和葉）。它們通常用於裝飾或者製成花束、花圈、花籃、花環或者直接插入花瓶中。

1L的灑水壺來自「amabro WATER TANK」這個品牌。
這個有消光質感，容量足又小巧精緻的灑水壺，是我為室內植物澆水的好夥伴。

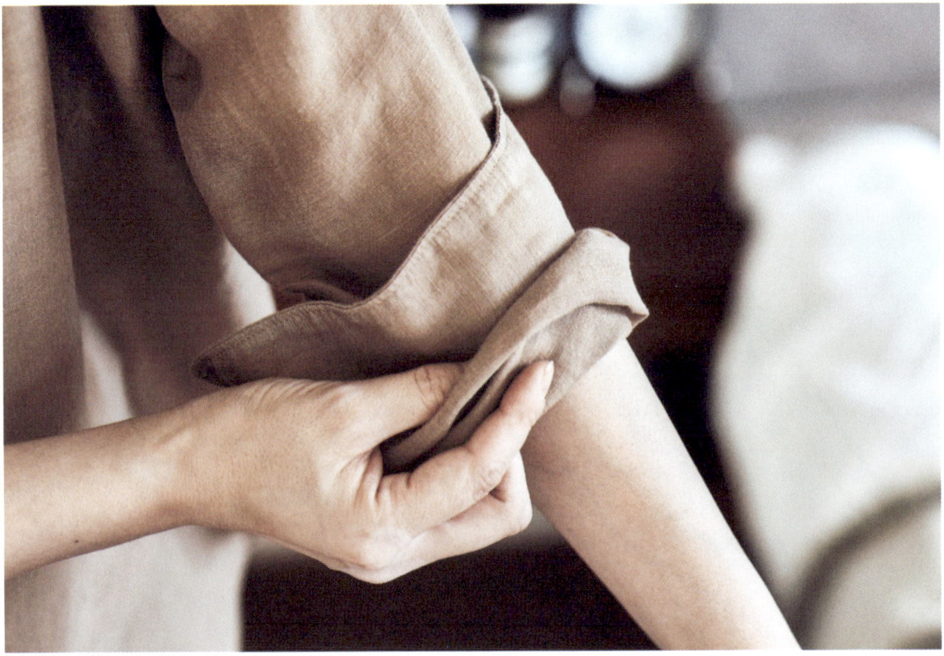

穿襯衫時，比起很整齊地把袖子捲起，我比較喜歡隨興地捲，覺得能自然而然散發出成熟女性的時尚氣質。另外，以我的臉型來說，必須搭配沒有縐摺的上衣！

隨著年齡變化的時尚觀

伴隨著年齡的增長，合適的衣物會不同，面對衣物的態度也跟著改變了。二十到三十歲出頭的時候，我會挑戰喜歡的品味或流行的衣物，但不是穿上去不對勁，就是堆在衣櫃，結果不斷地失敗，好不容易才明白什麼是適合自己的衣物。

現在的我，買洋裝時，會仔細斟酌是否完全符合自己的條件，在試衣間再三確認穿著感。

首先，整體輪廓太大的不適合自己，所以大多選擇洗練型；比起上窄下寬的喇叭型或A型，整體輪廓偏向H型或直筒型，袖子也偏好能夠隨興捲起的。

此外，我最近開始不穿百分之百純亞麻布的上衣，因為隨著肌膚老化，它的縐摺會讓人看起來很疲憊的樣子。還有，我曾經喜歡穿的寬鬆連身裙，也漸漸覺得不洗練，變得不太穿了。

我覺得，追求時尚，重要的或許是找出自己喜歡的款式，並且持續更新適合自己的東西。我自己也還有很多要學習的地方。

COLUMN.2

花點小工夫 賦予新生命

升職時買來犒賞自己的「TOILE」純手工天然石耳環，是我為數不多的首飾之一。儘管如此……儘管如此……竟然被我弄丟其中一邊。所有可能掉的地方我都聯絡過，也嘗試問過可否只買單邊，結果一籌莫展。

我問了美甲師的朋友，對於落單的耳環有沒有什麼好建議，對方要我乾脆把它試著做成戒指如何？我想一想後覺得也不錯，決定請她幫我處理。

為了磨去插入耳扣的位置（穿孔針）殘留的凹凸不平處，用電動磨甲器把它磨平，以戒指的姿態使其重生。弄丟時固然傷心，但它以全新的姿態留在了我的身邊。

喜愛的東西能不搞丟、不弄壞當然最好，但我認為，就因為是喜歡的東西才更不要收藏，更要盡情使用，也因此經常把東西弄壞。面對這種情況，我也是活用重生術。比方說，當我非常喜歡的器皿破損時，為了能夠繼續留在身邊使用，我用金繼[6]的方式讓它重生。雖然只是上生漆、風乾、再從外面上兩次金色如此「陽春的金繼」，也別有一番韻味。就這樣，沒有丟棄它，換個姿態，目前仍是我餐桌上的好夥伴。

6. 也稱為金繕，以金子去修繕之意。

CHAPTER.3

隨季節變化
去感受時間的流動

——— THE ROUND OF THE SEASONS

張開感受季節的觸角

換軌成以「喜歡」為重心的生活後，因為有了觀察細微變化的餘裕，感受季節變化的觸角也隨之活躍起來。打開窗戶，隨風搖曳的窗簾，以及店外按四季變化陳列的花卉與食材。過去，周遭這些「季節變化的趣味」，都因為過於忙碌而沒有去感受。

另一方面，料理當令食材，親自動手做，也是一種讓身心愉悅的享受季節變化的方式。春天，就讓青豆飯、春高麗菜或釜揚魩仔魚上桌；梅雨時節就做跟梅子有關的食材；夏天，毫無疑問就是素麵，我目前喜歡的吃法是厭倦了鰹魚露時，就用胡麻醬或辣油來改變風味；秋天，就是地瓜；冬天，就是關東煮等。只是吃一下當令食材，連本身料理變化不多的我，都感受到餐桌的層次變化豐富起來。

切花也是應時節購買，春天，就擺設含羞草或鬱金香，讓家中有季節感。只是讓家裡充滿季節感，就會更加喜愛每一天。有享受季節變化樂趣的時間和心靈上的餘裕，也是我未來的生活目標。

白蘿蔔泥和滿滿的釜揚魩仔魚，是春天和新茶一起享用的經典搭配。明明只是簡單地加在飯上，竟因此能感受到季節的變化，生活也隨之滿足了起來。

春天，我會在這裡鋪榻榻米焚香。最近才開始學的吉他，也是在這裡練習。六十平方公分正方形小小塊的榻榻米，可以放置在各種地方好方便。

這是夏季的擺設。為了無論是在餐桌或沙發都能夠享受到溫暖的陽光而把它們搬到這裡。對了，因為我想要涼爽的氛圍，所以夏天不會把小地毯鋪在客廳。

享受隨著季節而變換的布置

在季節之交變換家中布置。從前的我，淨是從收納空間是否易於使用、斷捨離等，這些能清爽度日的角度在檢視生活細節，而這幾年則不再著重空間的有效使用，改以住得舒適與否為優先考量。畢竟，正因為租賃的套房空間有限，更需要擺脫沉悶的小變化。

例如：春陽暖暖時，鋪個榻榻米，讓自己能輕鬆躺臥；把小小塊的榻榻米鋪在屋內一隅，就能在日暮時分，療癒在焚香的時光中。天冷了，就改鋪溫暖的小地毯。只是這樣變換鋪設的東西、家具、植物等配置，四季的空氣立刻充滿家中，體驗隨著四季變化的房間。

因為連大型家具都要移動，會讓人驚訝：「是妳一個人搬的？」其實，我家沒什麼大型家具，都是一個人能搬的重量。此外，我參考媽媽的做法，在家具腳下塞毛毯之類的布，不但可防止刮花地板，而且只要慢慢搬就是小事一樁。總之，就是以通風良好，像老家一樣有安心感的房間為目標，享受著規劃的趣味。

稍稍享受時節活動

一個人生活的我，本來一直認為時節活動一定要跟親朋好友一起盛大慶祝，但隨著年齡變化，在家時間變長，開始認為能在家稍稍享受一下四季風情也不錯。

有段時期，我也曾追隨極簡思考的潮流，徹底執行過「不裝飾主義」，不過，畢竟生在日本這個國家，還是想用心感受「四季」。例如，到了三月，就把畫有雛娃娃[7]的高質感明信片擺放在玄關；聖誕時節，就在牆上掛起聖誕樹的掛軸；配合時曆，以當令蔬菜豐富餐桌上的色彩，稍稍享受四季遞嬗的樂趣。僅僅是這樣，就不可思議地湧出活著的力量。活著的力量，乍聽之下很沉重，但我祈願，經由鑲嵌起每天小小的生活樂趣，終有一天能迎來大大的幸福。

現在的我，已不去看聖誕樹，也不去海邊，但一定會去欣賞春天的櫻花和秋天的紅葉。不是去賞景名勝，而是在自家附近親身體驗短暫盛放的美景，同樣能讓心靈貼近自然幻化之美，豐富自己的生活。

7. 日本文化中的一種小型傳統娃娃，通常是手工製作的，用來象徵祝福、保護或者是吉祥。

當超市開始陳列，或跟朋友聊起時，就會把當令食材買回來，加到味噌湯等平時的料理中。例如，到了秋天，我會做地瓜沙拉、蒸地瓜、拔絲地瓜加奶油地瓜燒，和用捏芋（山藥的一種）做的味噌湯，可說是薯芋類料理的嘉年華。

現在會買以前不買的切花。只要家裡有鮮花，就會為生活添上色彩，變得更豐富。我有幾個花瓶，會按花的意象來決定搭配。

抽屜櫃上是固定擺放季節性物品的地方。像十月份，我就放了芒草和賞月糰子。若想隨季節更換展示的物品，建議選擇能放在家中一隅的小東西。小小的玻璃花瓶，視覺效果隨著夏天和春天的光線變化而不同，也是一種樂趣所在。

小小一隻跟我住在一起的嚕嚕米。我把它放在玄關，搭配四季的物品一起展示。圖片裡的聖誕老人服裝，只是簡單地用毛氈布剪出來就很可愛，我好喜歡。到了新年，我會讓它坐在小小一塊榻榻米上面。

輕鬆俐落地變換應節裝飾

與應節裝飾共度時光

聖誕將至，我會掛上插畫家福田利之設計的掛軸，既不占空間，收納時也輕鬆。就算每年要把它燙直也不覺得麻煩，因為那是我感到冬天來了的瞬間。

陽台是專屬於自己的貴賓席

某年秋天的黃昏，去陽台收衣服時，見到彷彿太陽與月亮交接般的夕陽閃閃生輝，我不禁打從心底發出「哇～」的一聲。因為秋天的黃昏很短暫，轉瞬即暗，我急急忙忙拿了張摺疊椅去陽台……有了那天的經驗，我學會了享受這小而雅致的陽台時光。

陽台的縱深只有八十公分左右，稱不上寬敞，但對我來說已經足夠。而且，陽台也是我悉心照顧的植物的安身之處。只要再加個椅子和燈具，一個像小客廳的空間就完成了。

在這個小客廳，可以鳥兒的歌聲為BGM享用早餐；可以買個點心，邊喝咖啡邊看書；在擺脫束縛，想喝一杯的夜晚，也可以戴著耳機聽聽Jazz……

總之，天氣好的時候，我常常不由自主地走到陽台，總覺得還有很多享受陽台時光的方式。無論是聽到的聲音、看到的景致，又或者是那變化萬千的日照，都會讓「平淡」的咖啡倍加美味。如果你厭倦了家中千篇一律的生活，請務必去外頭的小客廳體驗一下。

這是我坐在陽台前放空的時間，只是看著風景，
心就安頓下來。一天的開始坐在這裡，就能告訴
自己今天也要健康地過，讓整個人自然放鬆。

夜晚把摺疊椅放在陽台，就能在家中品味咖啡館的氛圍。夏天喝著糖漬檸檬蘇打水感受夜風輕拂，簡直是難以言喻的特別時光。充電式的小型潘朵拉桌燈攜帶方便，想待在陽台時我就會帶過去。

夜風輕拂中
回想今日種種

COLUMN.3

讓身體開心的「用餐順序」

為了維持健康，我自學了關於飲食方面的課題。我發現，吃什麼東西固然重要，「用餐的順序和時機」也非常重要。

例如，吃飯的時候，最先要考慮的就是抑制血糖的飆升，所以我都從蔬菜吃起。因為空腹時吃碳水化合物或吃甜食，會促使血糖飆升，導致肥胖、疲倦和產生睡意。

詳細一點地說，吃東西後，血糖一定會上升，要避免飆升，進食的順序很重要。我建議先從蔬菜、蕈類、海藻等副菜、湯品開始，接著再吃含蛋白質的肉類或魚類等菜餚，最後才是主食的米飯或麵包。此外，由於飯後血糖值會維持在很高的狀態，我會簡單散散步幫助降血糖。

另外，為了有一定程度的空腹時間，我通常不吃早餐或者只吃一點點，晚餐則盡量避開碳水化合物。

因為我們無法像營養師一樣仔細計算、設計菜單，就在自己能力範圍內做好能持續的「飲食管理」就好。其中，我特別推薦這個只需要注意用餐順序，就可以輕鬆實踐來調理身心的方法。

CHAPTER.4

對容易失衡的身心
稍微好一點

——— MY MIND AND BODY STORY

以為是對身體好的事，反而讓自律神經失調

曾持續一段日子睡不好、易疲倦，腸胃也出狀況。因為身體持續不適，決定去做檢查，被診斷為「自律神經失調」。自律神經？是什麼東東呀……

我研究了一下，原來，不管是呼吸、心跳、內臟的運作或者血液的流動等都與之有關，是為了維持生命，無論何時都持續工作著的神經系統。醫師告訴我，要改善失調的自律神經，最重要的是「培養習慣」。從那天之後，我就持續地在放鬆的狀態下聽音樂進行「音樂療法」，漸進式地自己調整生活模式。

另外，我也參考了很多書，才知道一天之中，交感神經和副交感神經活躍的時段不同，配合它們的運作來生活，是調整自律神經的捷徑。換言之，睡前毫無節制地喝咖啡、一起床就全力衝刺的生活，是自律神經失調的元兇，知道之後，我非常震驚……從此，就不再日夜顛倒，吃好睡飽，全力改善失調的自律神經。

早上會刻意安排完全放空的時間。到了六點四十分就會放下手上的事坐下來，慢慢地呼吸。由於早上這段時間很容易匆忙起來，這是我暫時回到空檔再重新換檔的方法。

為調整自律神經，生活上做到的五件事

首先，不再日夜顛倒，
吃好睡飽，全力改善失調的自律神經。
最近，為了防止失調，
我會留意以下五件事：

No. **1**

Subject. **時間**

調整每天的作息和行程順序，減少煩惱的時間以降低煩躁感。

- **將容易塞得密密麻麻的To Do減量**
- **假日也要跟平日同樣時間起床，不打亂生活節奏**
- **SNS是會影響心情的工具，有時候要跟它保持距離**
- **重要的資訊要放在顯眼位置**

No. **2**

Subject. **日常生活方式**

設下小小的規則，減少生活中不必要的選項。

- **日常家務不必做到完美，只要最低限度即可**
- **斷捨離**
- **上班穿搭模式化**
- **桌子等常見的地方要保持整潔**

No. 3

Subject. **情緒**

縱使心情不好，為免情緒一發不可收拾，研究轉換心情的方法。

- **把怒氣止於肚子裡，不讓它爆發**
- **跟會影響自己情緒的人說話時，更要保持理性**
- **把煩惱和擔心的事寫在筆記本後收起來，不要長時間反芻**

No. 4

Subject. **工作**

設定好「早上、午休後、下班前」三個時段要做的事，適時休息。

- **固定回覆電郵的時間，其他時間集中做別的事**
- **開工前十分鐘就座**
- **每完成一個工作就整理桌面**
- **每天寫To Do清單**
- **午休過後，先處理未完成的工作**
- **下班前一小時處理需要花費精力的工作**

No. 5

Subject. **訂下守護自己的規則**

訂下守護一不小心就失調的自律神經的規則

- **有車來一定要讓**
- **油量降到一半時就要把它加滿**
- **不論是伴手禮或外食，煩惱的選項不超過兩個**
- **事先把想要的東西列出，不要臨時煩惱或衝動購買**
- **不要計畫太久遠以後的事**
- **每天確認錢包內的物品**

每天早上，用鐵壺燒水也是從容不迫。先把自來水煮沸，再用小火加熱十五分鐘左右把餘氯揮發掉，就成為口感滑順的白開水。鐵壺來自東屋的「水澤姥口（小）」，因為含有鐵分對預防貧血也有效果。

為了平穩地過一天，早上要保有空白時間

往往是到了要出門的時候，以及很多事要處理的早晨，就容易匆忙急躁。為此，我特意保有「空白時間」，騰出讀讀書、寫寫字、伸展或者稍微打掃一下的時間。只要保有空白時間，就可平穩地過一天。

要保有空白時間，最重要的是區分「該做的事」（各種準備或家務等）和「想做的事」（讀書或伸展等），並從出發時間回算「該做的事」所需的時間，進而評估運用在「想做的事」的時間，如此一來，就能決定起床的時間。比方說我是決定早上四點半起床，以睡六點五小時來算，則晚上十點一定要就寢。還有，找出「不做的事」也很重要。例如，晚上洗晾衣服，早上只把毛巾摺一摺，內衣收好，就可以從「出門前一定要晾衣服」的焦慮中解放；並且，早上盡可能不看SNS，只發文就好，不要漫無目的地滑手機，因為閒逛SNS，一晃眼十分鐘、二十分鐘就過去了……

最後，無論是「該做的事」或「想做的事」，都要慢慢來。不管是拿茶壺的動作、整理床舖、沖泡咖啡、觀察植物……每個動作都從容不迫地進行，自然能從焦慮中解放，優雅地度過容易手忙腳亂的早晨。

安排做伸展和讀書的時間

我「想做的事」有伸展、讀書、慢跑和健走等。當然，不做這些事也能上班，但做了之後，能調整身心，保有良好狀態地度過一天。

在早上的時間
做「想做的事」

我現在已經習慣了慢跑。做一些嘗試，若感受到身心狀態改善，自然會安排時間持續下去。

淡然地做生活上必須做的事

早上「該做的事」有梳洗、吃東西、做一點家務以及生活上其他必須做的事，把它們例行公事化，淡然地完成。

在早上的時間做「該做的事」

我會趁燒水的時間檢查植物和澆水。日照和濕度等植物所喜歡的環境，會隨季節改變。我認為照顧生物，是重要的「該做的事」之一。

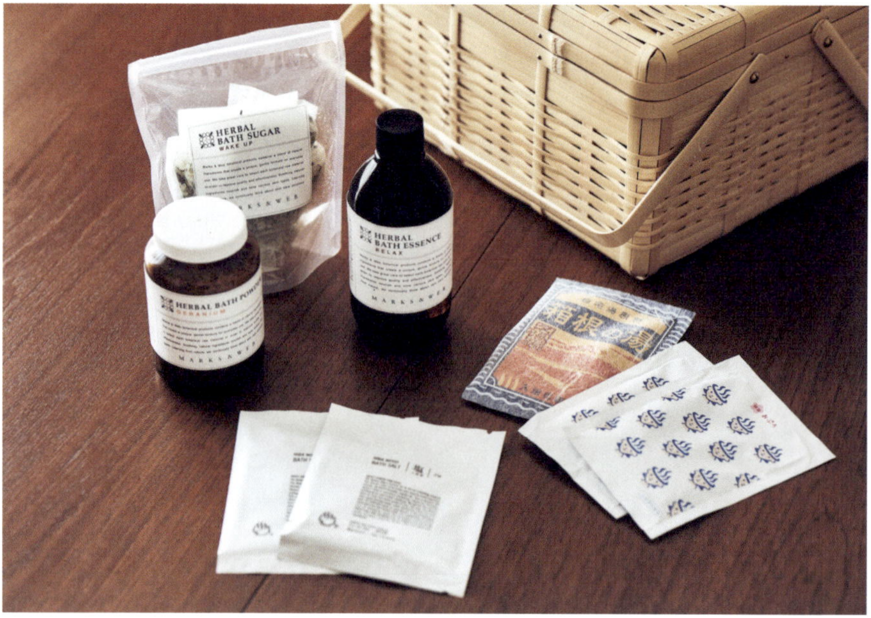

泡澡是重要的歸零時間。浴室是一個沒有任何誘惑的空間，必定能夠放鬆。
我喜歡的入浴劑是「MARKS & WEB」的沐浴鹽。

清空一切，迎向明天。夜晚把一天歸零

到了夜晚，記得「把今天放下」。畢竟，一天下來，總會發生不少事，全都放在心上，一定會壓垮自己。所以，我會盡可能在超出負荷之前，努力把它們放下。

禪語中有所謂「放下著」，據說是指為了好好活在當下，要放下當下以外的一切的意思。不只痛苦的事，連快樂的事，統統要放下清空，這對心靈沒有餘裕的我來說，是非常有用的禪語。按照禪語的精神，為了讓昨天、今天、明天這如瀑流般的「日常」輕盈化，我設定了夜晚的例行公事來歸零心靈。

舉例來說，回家後，馬上清出包包內不要的東西；此外，由於桌面上有東西就會顯得雜亂，所以不要讓桌面堆放任何雜物，這也是保持身心鬆弛的重要習慣。還有，用喜歡的入浴劑慢慢地享受泡澡，體內最深處一暖起來，頭腦和心靈都會不可思議地歸零。最後，睡前冥想十分鐘。

不過，要記得，深層體溫一下降才會產生睡意，所以要等體溫下降後，而不是入浴後立刻上床。總之，睡眠是一切歸零的按鈕，要好好睡一覺，才能迎接新的一天。

早上和夜晚睡前冥想十分鐘

目睹或耳聞ＳＮＳ和周遭七嘴八舌的言論，很容易被資訊洪流沖走，失去自我。我為了能讓腦袋歸零，好好面對當下的感受和身體，早晚都花短短十分鐘「冥想」。

往往一閉上眼，就滿是昨日、今日以及接下來應該要做之事，讓自己不要有這樣的念頭的，就是冥想。冥想，有助消除不安、緊張、煩躁等情緒，回復身心平靜，情緒也會變得溫和。冥想的方式有很多種，我選擇的是「正念冥想」。冥想時，遠離會分散注意力的智慧手機，坐在床或小地毯上，閉上眼睛反覆進行緩且深的腹式呼吸，時間短也沒關係，重點在養成習慣。

此外，我會在冥想時進行手部艾灸，在艾灸療癒的香氣包覆中，似乎能培養對抗不安與煩惱的能力。對我來說，把冥想與艾灸配套，對心靈的平靜極有助益。

總之，冥想已成了我擺脫不安、煩躁、擔憂、憤怒、嫉妒等負面情緒，回到平穩狀態的習慣。因為不是非做不可的事，若能不造成負擔，彈性地持續下去，那是最好不過的了。

要提醒的是，冥想並非一定能放鬆心靈，不過能察覺到自己有無法集中精神或感到煩躁的日子的這些變化，也是冥想的效果。

我會在早上和夜晚睡前各花十分鐘冥想。夜晚閉目冥想時，今天所發生的事，和明天要做的事會排山倒海地湧出來，而讓自己不要有這樣的念頭，就是冥想。

我也喜歡看「書店的推薦區」，覺得被挑出來的書會反映出該書店和自己是否投緣。如果不是新出版的書，再相遇的可能性會比較低，所以只要感興趣就買下來。

貼滿標籤的七本書。因為喜歡書流通的感覺，我會去圖書館借書，自己買的書也大多會拿去二手書店，但這七本書我一直留在手上。其中一本叫做《復古咖啡館與甜點》[8]的書，按圖索驥逐一探訪裡面所介紹的咖啡館也是種樂趣，目前已光顧過十一家店。從以前我就很喜歡進行咖啡館巡禮。

8. 暫譯，純喫茶とあまいもの：一度は訪れたい30の名店。難波里奈・誠文堂新光社。

透過閱讀與筆記，開闊胸襟

我喜歡在書店閒晃的時光。因為喜歡紙張的氣味以及翻書聲，我持續地買書；而且，買衣服往往會「猶豫不決」，買書，則從來不會。

至於讀書的方法因人而異，以我自己來說，只要有在意領域的書，會抓來就讀。我喜歡看關於營養、禪、自律神經以及生活等各種類型的書。畢竟，自己的人生能體驗的事有限，透過閱讀，可接觸到在與自己完全不同領域中投入大量時間的作者的人生。然後，覺得對自己有幫助的地方就加以吸收，也能把它當作人生食糧生活下去。此外，我不只是讀而已，且必定會寫筆記，因為據說，輸入和輸出的比例是三比七時，最能有效地留住記憶。

讀書時，會把有感覺的部分，或者覺得對未來的自己有幫助的語句貼上標籤，邊用鉛筆劃記邊讀。這個方法是否正確我不知道，我讀書的順序，未必是從第一章開始，而是看目錄按直覺從喜歡的地方開始讀，每讀完幾章就寫筆記。我認為，工作上學到的事很多都只能用在工作，但看書學到的事可以運用到生活中的一切。不過，再有感的內容，可能明天就忘了，所以在感受到的瞬間馬上記下非常重要。

曾經以為就算陷入負面思考，只要沒造成別人困擾就無所謂。但，現在覺得，還是應該更珍惜「自己」！因此，會擺放鮮花，讓自己的心情愉悅。

透過「算了吧」戰略重整心情

我本來是負面思考的人，工作上一有狀況就立刻會沮喪，也會因為一點小事煩心到睡前。但，我開始會想，人生下半場仍舊持續這樣老是被煩惱或不安所困，實在太浪費……

為了擺脫「想太多」的困擾，我請教了正向思考的人，讀了自我成長的書。我發現，即使自認是天性樂觀的人，也會設定適合自己的規則，控制自己不要跌入情緒低落的狀態。所以，我也試著設定了一個自己的規則，決定採用「算了吧」能過就過的戰略。

具體的做法是，工作上的煩惱不帶進家中。每當意識到自己陷入負面思考時，馬上告訴自己「算了吧」，把一切歸零；無法順利切換時，就繞去咖啡館坐坐，或者打個電話給父母或好友傾訴，就算一時無法順利切換，持續這麼做，反芻思考的習慣就改變了。

過去，當在人際互動等問題上，為自己的無力感而痛苦時，曾經很努力地「逆流掙扎」，結果精疲力盡。不過，最近會覺得，偶爾試著漂流一下也不壞，若能在漂流中激起浪花就更加幸福。這個也好、那個也罷，都「算了吧」；只要試著說出口，大多數的事都能拋諸腦後。

為了抑制肌膚糖化的改善生活習慣美容法

我一直不太做肌膚保養，某天，在Instagram上看到「＃居家美容」，心想：趁此機會自己也來努力看看吧，但立刻被從事美容工作的朋友提醒：「真的有必要嗎？」……而且，我本來以為塗抹一堆各種成分高級的護膚品美容是最理想的，也因為朋友的這句話，緊急踩了煞車，認真思考什麼才是真正需要的美容法。

例如，早上洗臉，只需要用BIODERMA洗面水充分沾濕化妝棉，再溫柔地擦拭就好；我想，既然早上洗臉只是想擦走睡覺時附著在臉上的灰塵，所以這樣就夠了，沒必要勉強再加上洗面乳等東西……

另外，我學到「肌膚糖化」這個用語，知道放任肌膚糖化，會產生皺紋、暗沉或斑點後，展開了改善自己生活習慣的美容法。我開始吃糙米、水果等，盡量挑低升糖指數的食物，同時也注意進食順序。說起來，為了身體健康而留意的事，能同時抑制糖化，帶來充分的美容效果，還真是一舉數得。

我領會到，只要使用適合自己的保養品，就不再需要追加額外的東西。然後，透過飲食從內調理、睡個好覺、經常笑、好好出身汗、減少當低頭族的時間……對我來說，肌膚的保養活動已融入日常生活中。

護膚從簡，但飲食習慣我會很注意。為了補充因增齡而遞減的雌激素，讓毛髮和肌膚都能夠抗老化，我每天一定吃富含異黃酮的豆腐、納豆等大豆製品。

從內到外
以「美麗」為目標的飲食法

從食物攝取缺乏的營養

醋不只能增進食慾，內含的檸檬酸還能增進體內礦物質的吸收，防止心情煩躁，因此我積極地吃醋漬小菜。另外，最近會以洋蔥麴代替法式清湯來改善腸道環境。

幫助入睡的夜間優格

我會在夜間副交感神經活躍時吃優格。如果就寢時，優格中所含有的色胺酸（胺基酸）在體內，會讓人較容易入睡。

溫暖身體的溫蔬菜。當我知道部分蔬菜一旦加熱，營養素更容易被吸收後，比起生菜，我更積極地吃加熱的蔬菜。而且，蔬菜的維他命C和E對改善手腳冰冷似乎也有效果，對容易手腳冰冷的我來說是一舉兩得。

睡覺前點香薰蠟燭和做手部按摩
放鬆一下。被喜歡的香氣包覆，
就容易入睡。

被頭痛折騰的九年

我從二十多歲開始就一直受頭痛之苦，日復一日，止痛藥不離手，過著每天被頭痛折騰的日子。

去看醫生，醫生建議我寫「頭痛日記」：記下那天預定的行程，如果感到頭痛，就加個記號這麼簡單。結果，我發現一個月裡面，頭痛的日子占兩星期，看出自己頭痛的週期。此後，跟朋友相約或預約髮廊等，會注意避開容易頭痛的日子。這樣一來，擔心因取消可能造成別人困擾的「無謂煩惱」又再減少一個。

值得慶幸的是，曾經如此困擾我的頭痛，從某個時候開始漸漸減少了。本以為會伴隨自己一生的頭痛，究竟是什麼原因改善了呢？我想了一下，應該是「namytone流健康法」發揮的效果，重點包括：吃七分飽、晚上要節制飲食的飲食控制法，為了幫助入睡而開始冥想，以及健走的提升睡眠品質法。當然，因為這些動作不是為了改善頭痛而做，所以無法肯定是這些方法發揮的效果。但，透過頭痛日記實際觀察身體狀態的變化，確實感受到頭痛週期和症狀的改善，心情也因之放輕鬆不少。

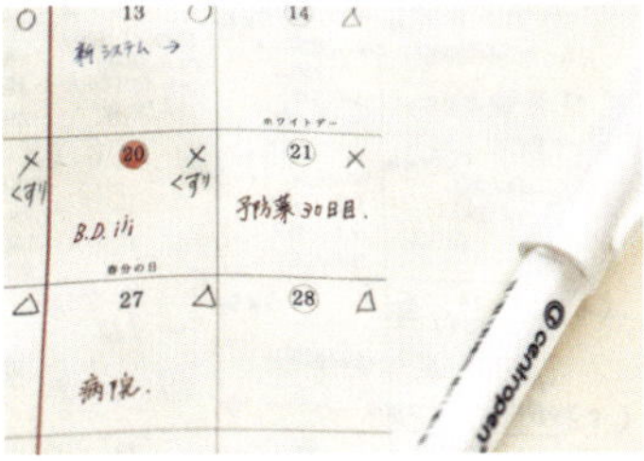

在醫師建議下，我開始記錄頭痛何時發作的「頭痛日記」。在那以前，每當頭痛發作，我都只吃止痛藥控制，是治標不治本的做法。如果我的頭痛是因為改善體質而好轉，我會感到無比高興！

喝杯溫熱飲
切斷「負面情緒的連鎖」

在心情煩躁下趕工，工作的效率和品質都會大幅下降。結果就是，看著自己匆忙的字跡，事後感嘆「為何寫這麼潦草、真糟糕的字……」對自己感到失望，或者在慌慌張張下犯錯……長此下去，不只自律神經失調，心情也會跟著低落。

其實，要切斷煩躁心情所帶來的「負面情緒的連鎖」，一杯溫熱飲就有絕佳效果。不論在公司或家裡，我都準備了一些隨時能飲用的紅茶、綠茶等茶包，溫熱的飲料一入喉，就能「好，冷靜下來吧！」地重新啟動引擎，進而脫離負面情緒的連鎖。而且，握著溫熱的馬克杯時，或許因為手暖和起來的緣故，多少會感覺到心情輕鬆了些。

除此之外，我在稍感疲倦時，會滾高爾夫球刺激足弓以促進血液循環，循環一好，不只能消除疲勞，似乎還有消水腫、去煩躁等各種效果。由於可邊打字邊輕鬆地滾，很適合在辦公桌前的各位喔！就留意不要讓球滾走，咕嚕咕嚕地滾著。

為頭痛和肩頸痠痛煩惱的時期，同事送我高爾夫球，之後徹底地成為習慣。雖然市面上好像也有販售腳底按摩的道具，但高爾夫球既簡單，效果又顯著。

COLUMN.4

掙扎過後更換的單人沙發

本以考慮到媽媽偶爾會來過夜，買了可當床的三人座沙發，豈料從來沒這個機會。等我注意到的時候，沙發已經變成堆更換的衣物、包包、郵件等雜物的地方……根本沒把它當沙發用的後悔心情與日俱增。

因此，我重新思考了什麼是在沙發上「做的事」和「想做的事」，得到的結論是：「讀書」、「喝咖啡」、「耍廢」。如果是這樣的話，換成單人沙發也不錯啊！儘管更換大型家具需要勇氣，但我還是決定讓給更能夠活用它的新主人。我挑單人沙發的重點在「就算生活風格改變也能長期使用下去」，於是親自到店裡向店員詢問舒適度、保養和維修方法，以及打掃時能否搬動等。經過實際體驗，前前後後花了半年左右的時間，仔細比較研究。

精挑細選後，迎來家裡的是「LIGNE ROSET ROSETTOGO」。寬八十七公分的沙發，兩張擺在一起可變成三人座，搭配角落款式還可以組成不同形狀。而且，當我聽到也可以換沙發布套，就確定是它了。坐在稍微進化的沙發上，今早也要來杯美味的咖啡。

CHAPTER.5

從經驗累積中
察覺到剛剛好的幸福

—————— ENJOY BEING ALONE

偶爾也有想要痛哭一場、放縱一下的時候。此時，觀看家庭、長者、動物等人情劇（日本片）這些與自己經歷重疊的領域，由於能夠把情感代入，立刻就能落淚。

隱藏在一個人生活中的愉悅之光

開始一個人生活後沒多久，的確也曾享受過實現「憧憬的一個人生活」後豐富多彩的日子。但，就在對這樣的生活習以為常的時候，巨大的寂寞來襲，羨慕地看著並肩行走或者熱鬧用餐的人們，愈看愈是刺眼，轉為過著沮喪「為什麼自己生活如此黯淡」的日子。不過，當我漸漸學會張開名為生活的觸角後，發現也有照亮自己的光。原來，寂寞不是因為「一個人」，寂寞是隱藏在你「沒打算享受一個人的生活」。無論是早上精心沖泡的咖啡，或是夕陽射入窗邊的日暮，縱使是這樣理所當然的日常，對現在的我來說，都是一個人生活的韶光。

儘管如此，難免還是會有心情不好或感到極為寂寞的時候，此時，最好的解方就是放縱。決定了放縱日後，我會去吃最愛的摩斯漢堡洋蔥圈和辣味熱狗堡這些平時為了健康飲食而節制的東西。固然有點罪惡感，但能減輕壓力，所以ＯＫ。之後，再熬夜看個搞笑節目，盡情地笑！心情鬱悶往往是沒辦法的事，就好好取悅自己，讓一切回到平常的生活狀態。

我的鬱悶消除法

流汗。稍微認真一點地運動就心情舒暢。

當聽到電影的原聲帶或令人懷念的旋律時，不知不覺就會跟著哼起歌來。
無聲的空間會讓我胡思亂想，這時我會投入音樂的懷抱。

簡單地整理一下。把平常看不到的地方整理好，心情也會跟著變好。

如果找到適合自己的鬱悶消除法，就能回到「一個人生活真好」的想法

我的鬱悶消除法，除了放縱一下外，還有很多做法。例如，整理抽屜等小小的空間、做比平常稍微劇烈一點的運動，或者比平時早一點睡。按當下的心情採取可能有效的方法。

有時想要放縱一下，
我會吃即食食品。

每晚備好明天的快樂泉源

想著「明天早上把浸泡好的法式吐司煎來吃吧！」然後進入夢鄉，是無比幸福的事。某家我有時候會去光顧的咖啡館，推出一個月一次的法式吐司早餐日。我向老闆請教如何做出那麼入味鬆軟的法式吐司，老闆告訴我，主要在於前一個晚上用心的準備功夫，知道方法後，我也立刻試著模仿。此後，每晚從冰箱拿出牛奶和雞蛋雀躍地做準備的時間，成了無比幸福的時刻。

「為明天的期待做好準備，快樂的明天自然到來。」天將破曉，新的一天來臨，一切雖是理所當然的事，但我發現，擁有快樂的明天，前提在於是否有為明天的期待做好準備。為自己準備法式吐司的流程儘管單純，但絕不止於創造美味，同時也創造了對明天的期待。

居家環境也是一樣，我會盡可能在睡前把客廳和廚房整理乾淨，為了不要隔天一早看到散亂的客廳而沮喪，準備一個清爽的空間。此外，我也會為明天製作味噌湯的高湯和米糠醃菜。常有人說我看起來每天都很快樂的樣子，我希望我的明天一直都能夠由「為美味且快樂地活著做準備」來塑造。

入口即化的法式吐司食譜

把1顆雞蛋、牛奶和鮮奶油各50cc、1又1/3大匙砂糖以及3滴香草精混合攪拌均勻後，放入麵包浸泡一晚。隔天早上，在平底鍋把10g牛油加熱溶解後，以中火將麵包煎至金黃色。因為預先浸泡了一晚，翻面後闔蓋乾蒸時，滲透到麵包內部的蛋液也能徹底受熱。最後，可隨個人喜好塗上牛油或楓糖漿食用。

把自己置於無聲中。與其因此說得到什麼不得了的東西，不如說似乎得到了放下的勇氣。這不只是針對心靈，面對凌亂的房間似乎也有效果？

偶爾試著把自己置於無聲中

我會在一天之中，就算幾分鐘也好，騰出一個「無聲的時間」。從前，除了睡眠之外，我並沒有無聲的時間，ＳＮＳ、電視、音樂……等，總是被某些聲音所包圍。

嘈雜的聲音和嘈雜的心靈似乎有很深的關係。一有物慾，就心神不寧、坐立難安；悶悶不樂煩惱時，就有食不知味的痛苦。面對虛榮、物慾以及許多想放下的雜念，希望多少能輕盈一點過日子，需要有組織起情感、思考或者行動的力量。我認為這種力量，恰好是在無聲中能培養出來。

為此，我試著把「冥想」的時間化為無聲的時間。在冥想時置於無聲之中，會感到糾結在內心的煩惱迅速鬆開。更貼切地說，與其認為我是為了創造無聲的時間而冥想，不如說或許是因為體驗過冥想，才知道無聲的可貴。假如害怕完全無聲，就只是關掉電視或智慧手機電源等的「減音」狀態也是可以的。

以前，我一直覺得「沒有聲音好寂寞」。原來，這是種誤解，全然是因為沒想過要面對本來的自己，以為要跟什麼人或事物有連結才覺得安心罷了。透過無聲的時間，我明白到，心靈的餘裕，不會隨著年齡增長自然產生，而是要刻意去創造出來的。

透過數位排毒生出時間

沖完咖啡拍張照，換個角度再一張……我曾有過每天為了上傳美照到ＳＮＳ而不斷拍照的日子。嚴格來說，那時候的料理或許不是為了吃而做，是為了ＳＮＳ而做。

仔細想想，咖啡還是想在剛好的溫度下跟熱氣一起享用，飯也是剛做好的最美味，如果一切以「拍照」為先，總覺得有點可惜……有了這樣的感慨後，我改為拍歸拍、吃歸吃，讓一切有序。

在具體的做法上，決定好使用智慧手機的時間是不錯的方法。從某天開始，我就不再「漫無目的地滑手機」了，改為早上只發文，晚上則使用到九點。

然後，外出時也不看手機。在咖啡館或餐廳等待餐點上桌時，閒得無聊，很容易就滑起手機，但在閒暇時看著隨時隨地可看的「手機畫面」，太浪費時間了！所以，我會帶本文庫小說，一頭栽進那個世界。

其實，為了不被洪流般的時事捲走，資訊要自己主動去尋找，這樣一來，自然會降低接觸負面資訊的可能性，以及被捲入資訊漩渦的風險。

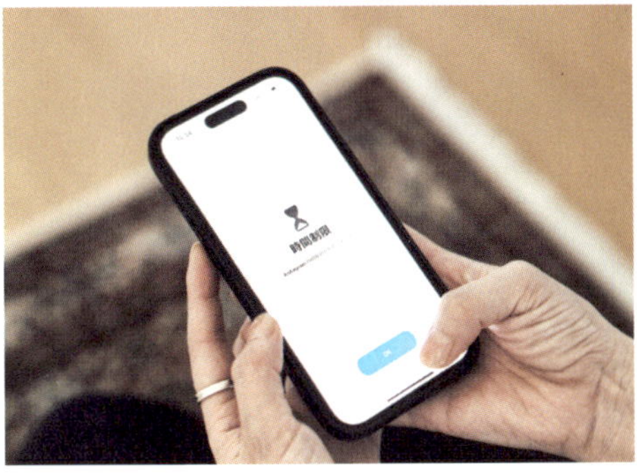

我會在晚上九點以後把智慧手機的APP設定為上鎖。iPhone的設定方法是「設定→螢幕使用時間→停用時間」，Android的設定方法是「設定→Digital Wellbeing（數位健康）」

Kalita

帶來幸福的居家咖啡館

光看著把熱水注入後噗噗噗冒泡膨脹就很有趣的咖啡；光聽著滴答滴答的聲響就很有趣的咖啡，以及那咖啡的香氣為嗅覺帶來的幸福。若能在家好好品味沖泡咖啡的樂趣，家裡，就是「居家咖啡館」。

我買了手搖磨豆機後，第一次喝在家研磨沖泡的美味咖啡時，真是雀躍不已。本來就很喜歡喝咖啡的我，為了在疫情不能出門的期間泡出美味的咖啡，更是一點一點地把電子秤、手沖壺等為了沖出美味咖啡的專業道具備齊了。

咖啡豆的部分，我喜歡印尼的曼特寧和薩爾瓦多的中深烘焙至深度烘焙，比較不酸，層次豐富又帶點苦味。

我平時是用濾紙，但想要用心沖杯咖啡時會改用濾布。因為比起前者，後者更能過濾掉咖啡中的微粒子，讓口感更滑順。另外，如果是每天使用濾布的話，把它放在裝滿水的保鮮盒等容器存放最為理想，但因為我只是偶爾用，所以把它弄濕冷凍保管。還有還有，咖啡有「咖啡」、「コーヒー」、「COFFEE」等各式各樣寫法，光是看到那些字樣，就會興奮起來。其中，我最喜歡讓人宛如置身咖啡館的「咖啡」兩字。

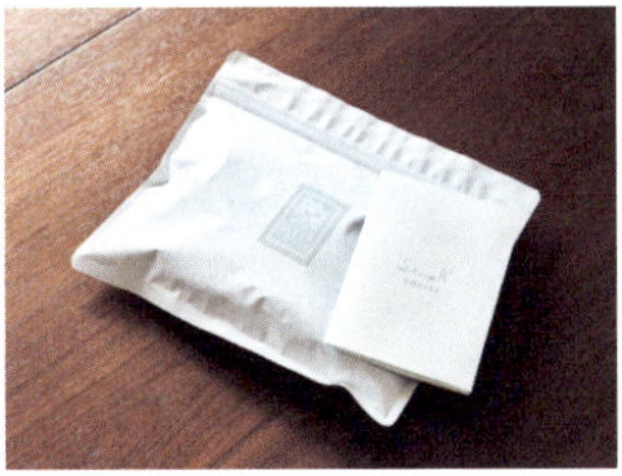

咖啡的沖泡方法，我是參考福岡市東區的「Sleep Coffee and Roaster」的做法。豆15g、86°C 的熱水 220cc，用兩分三十秒慢慢沖泡。

適合觀賞、蒐集的咖啡

為了一杯咖啡
而準備的道具

把咖啡道具一個個備齊也是喝咖啡的樂趣之一。剛開始，用的是De'Longhi的白色咖啡機，後來知道精品咖啡的存在，買了手搖磨豆機，是我居家咖啡館的原點。

在店裡買的咖啡豆，倒入熱水後，中央會冒泡膨脹，那是烘焙中未完全釋放的二氧化碳，是咖啡鮮度的指標。為了看這噗噗噗的可愛泡泡，買了咖啡豆後會想立刻沖泡。

我規劃了幾條路線：有穿越美麗田埂的路線，有途經多彩家庭菜園的路線；有穿越翠綠竹林的路線，有途經莊嚴佛寺的路線等。預先設定好幾個路線，按當天的心情選擇。

不論是朝霞或夕陽的色彩，是不出門就不會注意到的景致。跟如此美景相遇時，會有「看吧！有出門真好～」的感覺。

彈性規則下 長久持續的晨跑和健走

一星期四到五天，慢跑或健走四十分鐘左右，連像我這種容易倦怠的人都能持續三年以上，自己都嚇了一跳。

我想，秘訣可能在於，該去思考「哪些事容易讓自己感到挫折」，而不是「如何做才能夠持續」，繼而面對自己脆弱的部分。當覺得「好麻煩啊～」的時候，就選擇超短距離，「五分鐘也好，出發吧！」能夠出發，就不是0，而是1。持續累積就能維持動力，也能夠提升自我肯定感。

不過，一旦硬性決定運動的距離和時間就會感到吃力，所以我都用適合自己的方式來做。例如：為了拍日出，帶著相機往東邊去；又或者，跑步去麵包店，然後散步回家等等。雖然是很小的事，但我是需要誘因才會努力的人，因此用這個方法約束自己。

最後，對一個人生活的我來說，無論是健走或慢跑，自然會跟別人擦身而過。簡單點個頭，打打招呼，即使一個人，也能跟同一時間出現在同一地方的人們有淡淡連結的安心感。

為了紓壓而開始的事

在獨處的時間裡，想要紓壓時，我會在微暗的房間焚香、穴道艾灸、享受淡淡燭光，光是每天有這樣放空的習慣，就會讓心靈平靜下來。

首先，香是我生活中的一部分，當香的氣味靜靜地包覆身體，不可思議地賦予了我對抗不安與煩惱的力量。

我用的香來自福岡縣八女市的「馬場水車場」，燃燒時，彷彿置身「寺廟的本堂」，心情會放鬆起來。另外，我是為了緩解頭痛和肩膀僵硬，在好友推薦下，大概從五年前開始進行艾灸。我做的艾灸有千年灸的「香灸」和他們不用點火的系列。艾灸的燒燃時間因種類而異，大概能燒兩到三分鐘，等於刺激穴道兩到三分鐘。不論是眼睛、心理上的疲勞或手腳冰冷等，只要刺激能夠緩解體內症狀的穴道，促進血液循環，循環一好，心情也會平靜下來。

除此之外，光是凝視著杯狀蠟燭或傳統蠟燭燃燒時搖曳的燭光就非常療癒，而且不同燃燒時間的蠟燭還可以用來計時。比方說，燃燒時間四小時的杯狀蠟燭，我用在後製影片等較長時間的作業；傳統蠟燭的燃燒時間為四十分鐘，則常用在想稍稍喘口氣時。在火焰中流動的時間，感到非常地放鬆。

我不是只在夜裡點香，是想點的時候就會點。看著裊裊輕煙，伴著清香，安定了我的思緒。

「馬場水車場」的香。它是以天然杉葉透過水車的動力製成，散發非香料的經年香氣，是柔和的香氣。

安頓身心的療癒工具

緩緩加溫的簡便艾灸

艾灸溫度因種類而異，我常用的「香灸」是溫熱度2／5。做法非常簡單，就只是把貼紙撕下後點火，將香灸貼於穴道。在灸的過程中，會感受到血氣運行的改善。

從棕櫚果提取的原料所製成的環保棕櫚蠟燭。比起放在鋁製容器，透明容器更顯美麗。只是凝視著搖曳的燭光，就很療癒。

「STANLEY」真空不鏽鋼保溫壺，是從一萬兩千公尺高處掉落也毫髮無傷的強韌。因為可保溫八十度六個小時，非常適合外出使用。此外，蓋子就是杯子，是戶外咖啡的最佳夥伴。

帶咖啡去公園！

有時我會在戶外品嘗咖啡。為了能快速輕鬆地享受，我多半去堤防邊或小公園，如果中途還繞路去麵包店買個美味麵包就更棒了。

我會帶個裝了咖啡的水壺或只要倒入熱水就能喝的咖啡包。雖然野營咖啡也不錯，但我往往是心血來潮就出發，所以不需要預約的戶外咖啡最合適。慵懶地在沙發上喝咖啡也非常棒，但在戶外邊呼吸新鮮空氣邊喝咖啡則是非常特別，體驗一次就會上癮。

咖啡、零食、書、小坐墊，有這些就可以出發了。對了，就算不是咖啡，飯糰配茶也是非常享受。

年輕時，有太多想去的地方、想看或想要的東西，所以沒能發現「戶外咖啡」的魅力。或許正因為是累積了一定經驗的現在，才能「只是」在戶外喝杯咖啡，就能感受到無與倫比的幸福。而且，就算身處都會之中，只要有心，就能尋得綠地，請務必試試放下耳機和智慧手機，慢慢運用五感置身於大自然之中。

總之，我想好好珍惜這種小小的，卻能大大感動心靈的極簡興趣。

有益田米莉的《生活的動力 小好的人生》[9]為伴，是我無論喜悅或悲傷，會反覆閱讀，如同護身符般的書。每次讀它，就會被包覆在溫柔的空氣中，想感謝今天一天的存在。

9. 暫譯，わたしを支えるもの すーちゃんの人生。益田ミリ・幻冬舎。

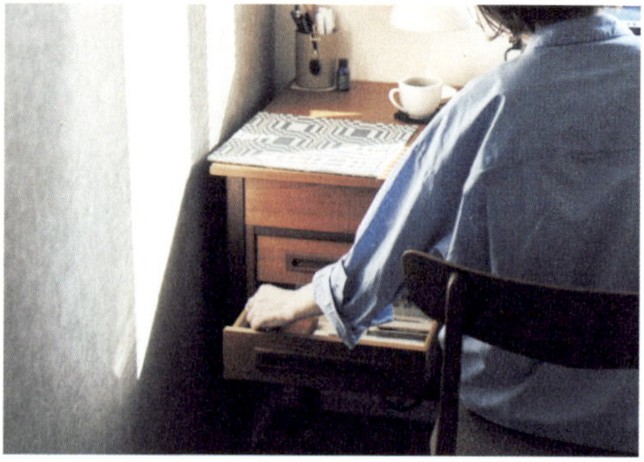

COLUMN.5

書寫空間是我的秘密基地

有個書寫或學習的專用空間，就能大幅提高工作效率。無論考試K書或居家辦公都大大派上用場的書寫空間，就設在我臥房的一角。明明是為了整理桌面而坐下來，不知為何地就能收拾心情，自動開啟集中精神的模式，「一坐下去，就有幹勁！」好像巴夫洛夫之犬[10]般地自然反射。

對三姊妹中的我來說，書桌的抽屜就是秘密基地。姊姊的桌子放著整齊排列的教科書以及祖父的照片，妹妹的桌子則井然展示著莉卡娃娃，我的則放在她們中間。第一個抽屜放著香珠，一打開就會散發淡淡香氣；第二個抽屜，放著貼有HELLO KITTY貼紙的交換日記本和信件。喔！對了，還有從雜誌上剪下來的瀧澤秀明（推活）的照片；第三個抽屜的最深處，則藏著我心儀的男生的第二顆鈕扣，這件事應該沒有任何人知道（應該吧）。對我而言，比起坐在書桌前讀書的記憶，抽屜塞滿的回憶要多更多，是滿載著微微酸甜回憶的空間。雖然現在的骨董桌沒放香珠和推活周邊了，但我想跟現在的桌子帶著回憶一起老去。

10. 指俄國心理學家伊凡．巴夫洛夫（Ivan Pavlov）進行的經典條件反射實驗中所使用的狗。巴夫洛夫通過這個實驗揭示了「條件反射」的概念。

CHAPTER.6

量力而為
規劃未來

——— LIFE-SIZE ME

從頭學習後製影片，開始嘗試經營YouTube頻道。每天都感受到SNS不只是做給人家看，自己也能從留言中學到很多。

坦然地面對變化

現在的我，雖有行動的想法，但體力沒有跟上。和年輕人一起工作，或者突然仔細看看鏡中的自己時，會驚覺自己已經是大人了啊……（笑）但是，如果問我想不想回到二十多歲？答案是完全沒有。我非常喜歡現在，很舒服自在。

回想在任何事都很拚命的二十多歲，是「非得這麼做不行！」連生活方式都嵌入框架中地過日子。不過，以年輕時的體力和精力來說，那種生活方式應該真的是適合當時的自己吧。現在，則是把衰退的體力轉變成拖延的力量，採取「明天再做也可以的事就明天做」、「做不到就算了吧」的方式得過且過度日。雖然是這樣，日子倒也過得非常輕鬆，適合「現在的自己」。

一直以為，四十歲後，對於世事就會有某種程度的理解，但實際接近這個年齡，才發現還有很多不知道的事。不過，我認為，透過失敗或繞遠路的經驗，會讓將來想做的事更加明確。

現在的我，除了重新審視生活，深入探究有興趣的事物外，重新學習學生時代學過的手語，也是我想做的事之一。一想到所有經歷過的事，都與接下來的人生息息相關，就很感謝過去辛苦的自己！不是閃閃發亮的未來也沒關係，只要有隱約的微光就夠了；縱使照不到未來的路，有每天能照亮腳邊的光也就可以了。

我思考著過世的祖父留給我的畫具，是要像祖父
和爸爸一樣畫油畫，或者其他用途。

圖中的招牌，近看好像只是用白色和海軍藍顏料粗略塗抹一下，但遠一點看，會清楚看到一隻海鷗。

以適切的鑑賞距離，自在地往來

我的爸爸和祖父都會畫油畫，在欣賞作品時，他們常對我說：「試試看再遠一點點觀賞。」賞畫，有可以看到最美狀態的「鑑賞距離」，尤其是多層次的油畫，近看只見表面的坑坑洞洞不容易看出在畫什麼，但在適當的距離下就會看出近距離看不到的景色。

長大之後，想起爸爸和祖父說的話，覺得跟人際關係很像，寓意深遠。我想到兩個知心好友，其中一個認識了二十年以上，另一個則是邁入三十歲後認識。儘管相互間已是頻繁聯絡，但要見面時，不必預留時間確認彼此的行程，是「明天有空嗎？」「週末能見面嗎？」這樣隨興，甚至臨時取消也沒問題的輕鬆關係。

正因為很珍惜，所以不越線，保有適度的距離感。在稍遠一點的地方欣賞著掛在牆上爸爸的畫，我不禁心裡想，希望跟好友維持著良好不緊繃且細水長流的關係。

改變工作心態，讓生活張弛有致

過去的我，曾經以為生活和工作是兩回事，後來發現，工作似乎只是生活中的一小部分。因此，在工作壓力太大壞了身體之後，我決定改變常常勉強自己的工作態度，並且把這個行動命名為「自我風格的工作方式改革」。

我落實「自我風格的工作方式改革」的第一個口號是「拒絕的勇氣」。比方說，有些工作雖然努力一下還是做得到，但之後會對身體造成太大負擔……的，就不要勉強自己，學會請人幫忙；試著拿出勇氣拜託人後，意外地發現請人幫忙沒有想像中困難，那之前是在猶豫什麼呢？我發現，關鍵不在「好不好意思」，是在「如果是這個人的話就可以拜託他」的「信賴關係」。而從前我以年輕的能量拚命工作，正好培養了人與人之間連結的資產。

第二個口號是「調整上下班的時間」。具體做法是提早到公司確認待辦事項清單，因為我覺得，如果一早就忙得焦頭爛額的話，整天都會如此。此外，決定一個「今天不加班」的日子也很重要；當同事加班，自己先回家，多少會有點內疚，但可以跟自己說：「我已經全力以赴地工作了，沒問題的！」就大大方方準時下班。

在因為早起而擁有的晨光中，從容地沖杯咖啡；在因為準時下班回家而擁有的日暮時分裡，悠閒地散個步。我體會到，正因為生活中有「留白時間」，才能在有限的時間內把工作做好。

為了有個疲憊返家時，能舒適接納自己的房間，
我會為「回家的自己」把房間整理好再出門。

準備兩個應急包

一個人生活，令人頭痛的是急病或災害。由於無法預測何時會發生，所以我做了一些最低限度自己能做的事——準備了兩個應急包。

一個是「直接住院」時所需的急病包（左上圖片）。有了幾次坐救護車的經驗，深知備妥身分證件影本證明自己是誰的必要性。儘管現在還有「爸媽一定會趕過來幫我」的倚賴想法，但他們也很快會邁入行動不便的年紀。自己的事自己處理——這也是為自己年歲漸長做的準備之一。

另一個是天然災害包（左下圖片）。在登山包內裝防災用品，放在「萬一」時必經的玄關處，並且訂定一個「防災用品檢查日」，或者下山後，趁整理行李時確認一下相關用品。此外，儲備的飲料食品，在身體不適、行動不便的時候也很方便，我會把罐頭、調理包、沖泡湯包等放在廚房的食品儲藏櫃。以前，這些東西是跟防災背包放在一起，往往不容易掌握保存期限，現在改放到廚房顯眼的地方，以便訂立滾動式增補計畫。

希望在有所準備後，就算無法完全，多多少少能減輕心中的不安。

急病包。裡面裝有健康保險證和駕照的影本、換洗衣物、智慧手機充電器、現金和緊急聯絡電話。雖然只是最低限度的準備，因為親人不在身邊，是希望有了這些，萬一的時候能派上用場……的準備。另外，牙刷旅行組和臉部也能用的「NIVEA」保濕乳霜也會一起帶。

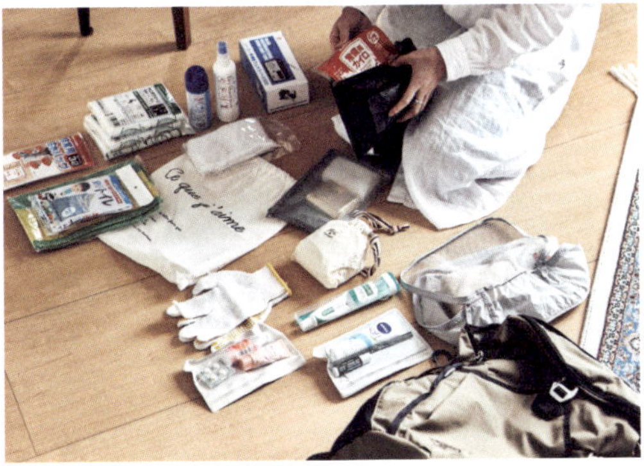

天然災害包會頻繁地更新，是一個相關用品不斷流通的包包。在床邊的抽屜裡放著mont-bell的伸縮營燈。有了熊本地震和颱風停電的經驗，我學會了睡夢中的「應急」要從臥室開始作準備。

我一直都會讓未來十年的金錢規劃具體可見。為了做好金錢管理，我不用信用卡，而電子支付只用在餐飲費用上，其他一律用現金這種最原始的方法。

存錢的三個目的

一個人生活，對摸不透的將來自然會感到不安，為了多少減輕心中的不安，我會存錢。

不過，如果只是為存而存，會忽略其他的事，為避免這種情況，我會讓存錢有明確目的——以「旅行」、「生病或意外事故」以及「養老金」三個目的來存。

其中，為「旅行」而存錢是最重要的目的。我覺得回顧人生時，比起房子、家具、汽車、雜貨等「物＝物品」，擁有許多能留在心中無形的「事＝經驗」會比較有意義。因此，只要決定去旅行，最好是能立刻出發。

至於為「生病或意外事故」而存錢，則是從三十歲開始。我自己有過六次手術與住院經驗，在出院時深深體會到更充足的大筆應急金的重要。另外，前一陣子還飛來橫禍，發生擋風玻璃被石頭打到的意外！總之，為了這些「萬一」而存錢，我會準備月薪三個月份的應急金。

最後是「養老金」，聽說一個月要十六到二十萬日幣左右，因此，除了累積個人年金外，也要加上儲蓄才行。

附帶一提，為了提高存錢動力，我會簡單用Excel做記錄把存款「視覺化」。透過存款紀錄，激勵自己「每個月努力工作，到了這個年紀就能存到這麼多喔！」

清理東西減輕心理負擔

疫情期間，待在家的時間變長，讓我有了好好面對身外「物」（房子、家具、汽車、雜貨等全都屬於「物」的範圍）和

並非只是「極簡生活」就是正義，我追求的，是「目前生活上必要的量」和「持有物品的量」間的平衡。

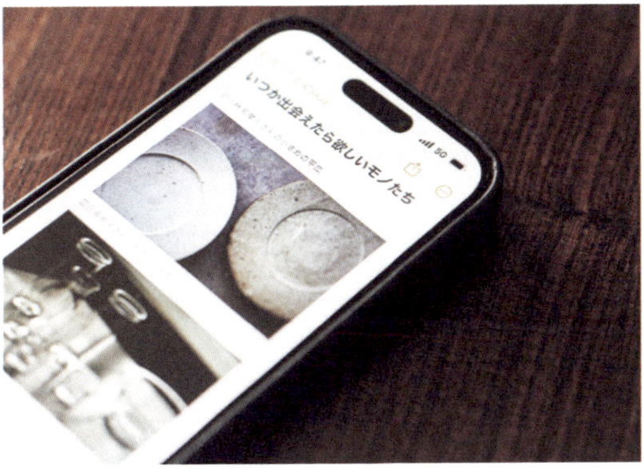

真的想要的東西，把它附上照片記在智慧手機的筆記APP裡，大幅減少了臨時興起買東西的次數。換句話說，對於真的想要的東西，我決定在記下後，等自然與之相遇時才買，這樣一來，就算是花錢，因為不是亂花，所以不會後悔，也不會有壓力。

各種「事」（包括工作以及在家中所做的事）的時間。

首先，放下不要的「物」。這固然也是一種面對自己的方式，但非常地辛苦；在取捨大量物品時，該放手，還是該留下？真是令人煩惱至極，精疲力盡。在這種情況下，我決定把方針調整為以「現在」的自己需不需要來判斷，一切似乎就容易多了。例如：因為髮型改變而不再適合的洋裝，或者因個人品味的變化以及湊合著買的不搭調的家具等。就算是「過去」需要的東西，「現在」已經不需要的話，就斷然放手。

而且，當決定放手時，也得花點巧思。例如，把一個杯子讓給媽媽，就試著多買一個給爸爸，為放手的東西「加1」，期待它在下一個地方能被加倍使用。

另外，「事」的部分，則是著手減少「不做也行」的事。其中，特別想減少的是「猶豫的時間」，而這似乎與我想減少物品密切相關，因為洋裝、鞋子、包包、器皿……東西的量少了，猶豫的時間自然減少。此外，把上班時穿的衣服和包腳鞋組合固定化，就不必一早花時間煩惱穿搭，整個人自在多了。

總而言之，就是減少對「現在」的自己不需要的「物」和「事」，縮減各種選項，同時也減輕壓力。

別人的一步
不同於自己的一步

每個人的步伐都不同。比方說，前進一公尺，有人分兩步走，一步五十公分，有人則是一口氣走完。這絕對沒有誰比較了不起，誰比較正確之別。雖然如此，人往往還是容易不經意地去跟人比那一步。不過，與其跟別人比，不如跟「昨天的自己」比，更容易知道成長了多少。一旦知道自己的成長，自然也就不會再想跟誰比較，不會再感到嫉妒了。

回想過去，我曾在升遷考試失敗，當一起努力的同梯順利合格時，跟他一比，就非常沮喪。回首過去自己累積的努力，認真思考哪裡做得不夠，得到的結論是：「我已經沒有遺憾地努力過了，這樣不就夠了嗎……」同梯邁

出了升職的一步，我則找到了「能跟有共同想法的下屬和同事同甘共苦」的地方。儘管要花很長的時間才想通，現在想起來，「不合格」可說是我人生中的必要經驗。

有了這樣的經驗，我思考到每天以同樣的步伐前進並非正確答案，偶爾回首昨日步伐，再試著描摹一次，如此走走停停地前進才是人生。

不只他人的一步和自己的一步不同，自己昨天和今天的一步也不同。無論是走三步退兩步後前進的一步，或者大大前進的一步，只要每一步從長遠來看有所前進，就OK！

覺得自己「已經不行了……」的插曲，回首時，是成為「寶物」的魔法。順帶一提，我把辦公桌夾著的外甥女照片和她寫著「工作加油喔」的字條當作護身符。

給絕境的自己一個咒語

當有非常辛苦的感受或痛苦的經驗時，我盡量會把當下的想法寫下來，作為日後感到「陷入絕境」時，照亮腳邊的小燈光，給自己向前的勇氣。

而且，陷入絕境時，我有個會在心中唸誦的咒語——「絕境小插曲更新中」。當我無論怎麼焦急或努力都於事無補時，就會在心中唸誦這個咒語，同時試著以更客觀的角度俯瞰當下的狀況。

例如，有次為了重要的會議出差，因為電車發生人身事故趕不上預定的班機，雖然地勤人員抱著我的手提行李盡全力奔跑，並迅速為我安排搭乘另一班飛機，但已經注定趕不上會議。在高空中束手無策的我，只能乾著急，那時，我就對地面展開「現在正是絕境小插曲更新中！」的實況轉播。一想到又多了個聊天的話題，整個人就放鬆了。會議是遲到了，但平安無事，我「現在還好端端的」，一想到這，又多了點自信。

總之，因為焦急而陷入恐慌時，有個如同咒語的語句，就能冷靜下來。

塞翁失馬見真緣

二〇二〇年九月八日，因為原本使用的 Instagram 帳號「namytone」被盜無法登入，我開設了新帳號。

原本的帳號有二十萬以上的追蹤者，被盜後，我沮喪到難以言語。但，不知何故，我不申請取回帳號，決定重新開始。

「放棄一切，重新開始。」

我花了很長的時間才下得了這個決心，但回想起來，收穫也很多。例如，有想盡辦法找到我新帳號的朋友；有幫我分享、通報帳號被盜的朋友；有發訊息鼓勵我的朋友。

有一個追蹤者留言寫道：「真正想追蹤妳的人都聚集在這裡呢！」這對我來說是何等大的救贖啊！

明明只是網路上的淺淺連結，卻感受到超越萍水之緣的真實溫度，和那無形、超越言語且確實的緣分。

我想，假如沒有放棄二十萬追蹤者，就沒有現在的我。就算哪天再失去一切，相信只要時候到了，大家會再聚首。或許，毫無理由地確信「還能再相見」的力量才是真正的緣分吧！嗯！一定是如此。

「namytone」這個帳號有陣子被盜，但某天拿了回來。開新帳號不是為了增加追蹤者，而是「為了自己」開心地經營。

從四十歲開始，想要投入時間保養自己的身心，讓生活平靜，並且培養謙遜和深度。

何時開始接觸新事物都不遲

現在開始接觸新事物好像已經太遲了……儘管內心某處曾經這樣想，但轉念再想，不，應該是——要做就趁現在，不是嗎？每增加一歲，體力和精力都會衰退，所以早一歲是一歲，趁年輕趕快行動比較好。況且，珍惜每天的生活和周遭的人，會不可思議地湧出什麼都能做到的正向心情。不受年齡拘束，時時挑戰新事物，讓生活的世界更加開闊非常重要。

現在的我，除了開始手語和吉他等新嗜好外，一直穩定持續的登山還想再攀登更多，另外，也想把挑戰新工作、尋找終老用的房子（搬家）等等，都列入想做的事的清單中。其中，優先順序排在前面的，就是孝順爸媽。我一直想趁他們身體還健康時一起去旅行，卻遲遲無法成行，感覺不快點的話，恐怕沒機會了。

最後，在心態上，我希望能一面培養謙遜和深度，一面成為胸襟開闊的人。因此，即使認為是徒勞無功或沒意義的事也要多方嘗試。期望人生透過這樣的累積，日後回顧時，會感受到胸襟好像些許開闊了起來。所以，不是為了開闊胸襟而努力，是能量力而為地用心過好每一天就夠了。

過去的日子很辛苦；

未來的日子也會很辛苦；

儘管如此，每天都要開心地樂觀面對。

那些徒勞無功，沒意義的事，驀然回首，可能就是讓人生充滿樂趣的事。希望當我回顧過往時，能夠以柔軟的態度去品嘗那層次豐富的酸甜苦辣之事。

結語

透過寫這本書，我和「那時的自己」重遇了。我體會到，人生會因意想不到的事而改變，人的表情和日常也是。

從未想過祖母的一句話，會對我的人生產生如此大的影響。

無論是人或者物，都會隨著時間而衰老。人生一長，相對地，做不到的事也會增加，同時，發生意想不到的事的可能性也會提高。

不過，伴隨時間而來的衰老、變化絕非壞事，它會增加深度，會交織出新的事物，這是我在尋覓家具時從骨董家具學來的深刻道理。總覺得跟人生很像，也因此立刻被骨董家具吸引。就算自己將來已經不在世上，有能傳承下去的東西，真的是非常棒的事。

當然，有所堅持、從不動搖的人，自有其令人信服的地方。但我認為，面對並接受變化，跟有所堅持同樣重要。

有謂「柳樹不畏雪」，比起像大樹一樣挺立，我比較想像搖曳的柳樹，珍惜能接納未來「變化」的柔韌性活下去。

總是溫暖陪伴的各位追蹤者，非常謝謝你們，未來的日子也請淡然處之吧。

另外，本書發行時，給我誠懇建議的責任編輯宇枝小姐和山崎小姐，真的非常謝謝妳們，能夠再次一起出書，我的內心充滿了感謝。藉由各方的力量，這本書方能透過書店送到各位讀者手中，對於所有經手過的人，我抱著感謝的心情。

希望這本記載了平凡如我的日常點滴的書，能稍稍鼓勵到需要的人。並且，若能成為某人的避風港的話，那就太好了。

namytone

國家圖書館出版品預行編目資料

人生折返點，喜歡自己多一點 / namytone 著 ; 陳尹暐 譯.
-- 初版. -- 臺北市 : 平安文化有限公司, 2025. 6
-- (平安叢書 ; 第 851 種)(Upward ; 180)
譯自：人生は折り返し地点からがきっとたのしい

ISBN 978-626-7650-47-9 (平裝)

1.CST: 生活指導　2.CST: 生活方式

177.2　　114006026

平安叢書第 0851 種
UPWARD 180

人生折返點，喜歡自己多一點

人生は折り返し地点からがきっとたのしい

作　　者—namytone
譯　　者—陳尹暐
發 行 人—平　雲
出版發行—平安文化有限公司
臺北市敦化北路120巷50號
電話◎02-27168888
郵撥帳號◎18420815號
皇冠出版社(香港)有限公司
香港銅鑼灣道180號百樂商業中心
19字樓1903室
電話◎2529-1778　傳真◎2527-0904
總 編 輯—許婷婷
副總編輯—平　靜
責任編輯—張懿祥
美術設計—嚴昱琳
行銷企劃—薛晴方
著作完成日期—2024年
初版一刷日期—2025年6月
初版二刷日期—2025年8月
法律顧問—王惠光律師

讀者服務傳真專線◎02-27150507
電腦編號◎425180
ISBN◎978-626-7650-47-9
Printed in Taiwan
本書定價◎新臺幣350元/港幣117元

- 皇冠讀樂網：www.crown.com.tw
- 皇冠Facebook：www.facebook.com/crownbook
- 皇冠Instagram：www.instagram.com/crownbook1954
- 皇冠蝦皮商城：shopee.tw/crown_tw